Percorsi Esperienziali e Interpretazione del Patrimonio Culturale

Vol. 1: Origini e Principi Teorici

IGNAZIO CALOGGERO

Codice ISBN: 9788832060218

Introduzione

Interpreterò le rocce, imparerò il linguaggio dell'alluvione, della tempesta e della valanga. Conoscerò i ghiacciai e i giardini selvaggi e mi avvicinerò il più possibile al cuore del mondo (John Muir, 1896)

Il libro è rivolto principalmente agli studenti che frequentano i corsi che hanno come argomento il Turismo Esperienziale e/o l'Interpretazione del Patrimonio Culturale ma ritengo che la lettura possa essere utile ad una platea più ampia. Infatti, alcuni concetti dell'Heritage Interpretation sono stati rivisitati o presentati per la prima volta, ma soprattutto, il libro è probabilmente uno dei primi contributi che mira a integrare i principi dell'interpretazione con quelli esperienziali e le metodologie del Quality Management.

Una delle caratteristiche innovative di questo volume, è quella di poter essere considerato un "libro espandibile" infatti, è data la possibilità di approfondire le informazioni fornite nel testo, con ulteriori informazioni e approfondimenti, anche di tipo multimediale, non presenti nel libro. Di volta in volta, sono presenti dei link e relativi QR-Code, che permetteranno di andare nelle pagine web di approfondimento, basta avere un telefonino e un lettore QR-Code.

Capitolo 1: "Percorsi Esperienziali"

Un percorso di Interpretazione del Patrimonio culturale è innanzitutto una **esperienza; infatti,** si usa spesso la frase "**percorso di esperienza di interpretazione**". Ecco perchè il primo capitolo riguarda proprio il concetto stesso di "esperienza". Come pronosticato da Pine e Gilmore nel 1999, stiamo assistendo ad un passaggio dall'economia dei servizi ad una economia delle esperienze, la trasformazione riguarda ormai non solo i settori storicamente legati al turismo (eventi e turismo culturale, museale ed ecomuseale, esperienziale, rurale e agriturismo, ricettività, ristorazione, artigianato artistico), ma anche quello dei servizi e della commercializzazione dei prodotti (marketing esperienziale). Questo comporta la necessità che le imprese (e i singoli professionisti), si preparino a quella che potremmo chiamare la **Transizione Esperienziale** che permetterà loro di mettere a disposizione i propri prodotti e servizi sotto forma di "Offerte Esperienziali". Ecco, quindi, la necessità di capire bene quelli che possono essere chiamati "i principi del percorso esperienziale".

Capitolo 2: Interpretazione del Patrimonio Culturale

Il secondo capitolo accenna a quelle che sono le origini dell'Interpretazione del Patrimonio Culturale. È negli Stati Uniti, verso la metà del XIX, che nasce quella che è stata chiamata "Interpretazione Ambientale", grazie alla crescita dell'interesse verso le problematiche di tutela del patrimonio naturalistico che porterà alla nascita del primo parco nazionale del mondo, il **Parco nazionale di Yellowstone**, istituito dal presidente Ulysses Grant nel 1872.

Ed è proprio in questo contesto culturale che iniziarono a diffondersi, nella seconda metà del XIX secolo le prime forme di turismo ambientale grazie al diffondersi delle prime aree naturalistiche protette al mondo tra queste lo Yosemite Park (1864) che successivamente, nel 1890, divenne Parco Nazionale.

Nasce quindi la figura dell'**Interprete del Patrimonio Culturale**, una figura professionale nata oltre un secolo fa, in ambito naturalistico e operante nei primi parchi nazionali americani. Tale figura si è consolidata nei primi anni del XX secolo, concretizzandosi nelle varie specializzazioni che interessano il Patrimonio Culturale inteso nel suo senso più ampio (ambientale, storico artistico, demoetnoantropologico e archeologico). L'interprete non fornisce informazioni ma "**svela**" la verità profonda che si nasconde dietro le apparenze, il partecipante ad una esperienza di interpretazione non conosce ma "**scopre**".

Tra i principali attori che hanno dato origine al concetto di Interpretazione vanno ricordati: **John Muir, Liberty Hyde Bailey, Enos A. Mills** e **Charles Matthias Goethe.** Anche se tradizionalmente viene riconosciuto, come padre dell'interpretazione ambientale, almeno per quanto riguarda gli aspetti formali, **Freeman Tilden** (1883-1980), grazie alla pubblicazione del libro "Interpreting our heritage" avvenuto nel 1957. Nel suo libro, Tilden, oltre a fornire la prima definizione formale di Interpretazione illustrò i famosi sei principi dell'intepretazione.

Dopo Tilden, altri autori, negli anni successivi, hanno premesso di approfondire le teorie e le tecniche interpretative contribuendo, grazie anche alla pubblicazione dei loro lavori, alla definizione degli attuali schemi interpretativi.

Alcuni autori hanno rivisitato I principi di Tilden, ampliandoli o ridefinendone alcuni, tra questi:

- **Donald R. Field e J. Alan Wagar**, nel 1973 in un loro articolo i due autori espongono i principi alla base dell'interpretazione e mettono in risalto l'importanza del visitatori nel processo interpretativo:

- **Sam Ham** che nei primi anni 90 definisce il modello da lui chiamato inizialmente "E.R.O.T", basato su quattro fattori di qualità che distinguono l'interpretazione da altre forme di Comunicazione;

- **John A Veverka** che nel 2011, rivede e presenta in versione abbreviata, i sei principi di Tilden chiamandoli "Tilden's Tips" (I consigli di Tilden).

- **Larry Beck e Ted T. Cable** che rivedono i sei principi di Tilden portandoli a 15 (2011).

Capitolo 3 "I principi dell'Interpretazione integrati"

Sono due i motivi per cui ho ritenuto opportuno rivisitare e ampliare, dopo 65 anni dalla prima stesura, i principi di Tilden: una loro integrazione con i principi esperienziali da me elaborati (che diventano parte integrante dei principi di interpretazione) e la necessità di tener conto dell'evoluzione culturale, frutto anche dei vari autori e studiosi che negli anni hanno affrontato la problematica.

Sempre nel terzo capitolo ho elencato alcune definizioni di interpretazione e illustrato la differenza tra "Educazione" e "Interpretazione"

Capitolo 4 "Qualità esperienziale e interpretativa"

Il quarto capitolo si occupa del concetto di qualità applicato alle esperienze e ai percorsi interpretativi. Tra le mie esperienze lavorative, posso annoverare oltre venti anni dedicati al Quality Management nella qualità di Ispettore per la certificazione ISO 9001, è naturale che tale bagaglio professionale influenzasse i miei studi in materia di Interpretazione, ecco quindi la necessità di collegare l'intero discorso alla stessa definizione di qualità:

*Capacità di un insieme di caratteristiche inerenti un'***entità*** di confermare le* **aspettative** *ad essa riferibili da tutte le* **parti interessate**

Definita cosa sia la qualità bisogna misurarla ma per fare questo bisogna necessariamente dotarsi di un opportuno sistema di rilevazione della qualità, che porta alla individuazione dell'**entità** a cui va applicato il concetto di qualità, delle **parti interessate** (chi esprime le aspettative o i bisogni in funzione dell'entità) e dei **fattori di qualità**.

Capitolo 5 "La professione di Interprete"

Il quinto capitolo riguarda il riconoscimento della professione di Interprete del Patrimonio Culturale. A livello internazionale di un certo interesse sono i percorsi di certificazione di alcune figure professionali nell'ambito dell'interpretazione del patrimonio culturale messa a punto dalla National Association for Interpretation (NAI) e dal National Park Service (NPS). La certificazione così come NAI e NPS la intendono non è facilmente proponibile, almeno in Italia, in quanto non sono certificazioni legalmente riconosciute. E' comunque possibile un percorso di legittimazione della professione di Interprete del Patrimonio Culturale, se si tiene conto che tale professione, in quanto non regolamentata, è disciplinata dalla Legge 4/2013 e che è stato, di recente, pubblicato un Decreto che per la prima volta fornisce la definizione di "professionista". Infatti, il DPCM 14/10/2021 (Decreto reclutamento) pubblicato nella G.U. 268 del 10/11/2021 che per la prima volta fornisce la definizione legale di "professionista", individua i professionisti che possono effettuare domanda al portale del reclutamento per conferimento incarichi professionali nelle pubbliche amministrazioni. Tra questi figurano proprio i professionisti in possesso di una attestazione di Qualità e Qualificazione professionale rilasciata ai sensi della Legge 4/2013.

Sempre nel quinto capitolo, viene illustrato uno schema di riferimento contenente le competenze dell'Interprete del Patrimonio Culturali, elaborato in conformità allo standard: SP/TAH-CF: **Standard Professionale (SP)** basato sulle competenze professionali indicate nel Quadro (Framework) di riferimento delle competenze richieste e applicate nel settore Turistico, delle Arti e del Patrimonio Culturale, denominato **Tourism, Arts, Heritage Competence Framework (TAH-CF)**.

1. Percorsi Esperienziali

1.1 Dal Prodotto alle Esperienze

Dal momento che le Esperienze, compreso i percorsi di esperienza di interpretazione costituiscono spesso delle vere e proprie offerte culturali rivolte a degli utenti finali che possono chiamarsi, clienti, turisti, ospiti o semplicemente fruitori dell'esperienza. E' opportuno rivedere alcuni aspetti e cambiamenti che interessano il concetto stesso di "offerta economica"

Le offerte economiche

Gli americani Pine e Gilmore [L'economia delle Esperienza: Oltre il servizio -1999-2013] distinguono diverse offerte economiche:

- **Le materie prime** (commodity): materiali fungibili estratti dal mondo naturale, animale, minerale o vegetale;
- **I beni:** manufatti tangibili;
- **I servizi:** attività intangibili.
- **Le esperienze:** eventi memorabili che coinvolgono gli individui sul piano personale.

Le esperienze ci sono sempre state, ma nei fatti sono state sempre considerate all'interno dei servizi. Pine e Gilmore individuano delle distinzioni economiche in base al tipo di offerta.

Offerta economica	Commodity	Beni	Servizi	Esperienze	Trasformazioni
Economia	Agricola	Industriale	Dei servizi	Delle esperienze	Di trasformazione
Funzione economica	Estrarre	Fabbricare	Fornire	Mettere in scena	Condurre
Natura dell'offerta	Fungibile	Tangibile	Intangibile	Memorabile	Efficace
Attributo chiave	Naturale	Standardizzato	Personalizzato	Personale	Individuale
Metodo di fornitura	Immagazzinato in massa	Rifornito dopo la produzione	Erogato su richiesta	Rivelato dopo un certo periodo	Duraturo nel tempo
Venditore	Commerciante	Produttore	Fornitore	Inscenatore	Generatore
Acquirente	Mercato	Utilizzatore	Cliente	Ospite	Aspirante
Fattori di domanda	Caratteristiche	Aspetti	Benefici	Sensazioni	Tratti

Pine e Gilmore sottolineano il fatto che nel tempo si sia passati da una economia basta prevalentemente sulle materie prime ad una economia prima basata sui beni e successivamente sui servizi e che il XXI secolo costituisce il periodo in cui si assisterà alla trasformazione da una economia basata prevalentemente sui servizi ad un'economia basata sulle esperienze.

I Servizi

Ricordiamo la definizione di servizio dal punto divista aziendale

Servizio: Output di un'organizzazione con almeno necessariamente effettuata all'interfaccia tra l'organizzazione e il cliente.

Ciò che distingue i servizi è che la consegna o l'uso di prodotti tangibili costituisce solo lo strumento accessorio a quello che deve essere considerato l'obiettivo primario: fornire una "*prestazione*" al cliente/utente/cittadino.

Caratteristiche del servizio.

I servizi si differenziano dai beni per i seguenti aspetti:

- **Intangibilità:** Il prodotto è generalmente concreto, il servizio invece è un bene immateriale.

Ad esempio, un cellulare è un prodotto tangibile, prima di acquistarlo lo posso toccare, osservare, ed in alcuni casi provare; una visita specialistica non è tangibile anche se può comportare la consegna di un prodotto tangibile come il documento su cui è riportata la diagnosi.

- **Conservazione:** Il prodotto può essere immagazzinato, il servizio no.

Il cellulare una volta prodotto può essere conservato in attesa di essere commercializzato e venduto all'acquirente finale; la vista specialistica non è un prodotto preconfezionato in attesa di essere consegnato all'utente.

- **Eterogeneità:** A differenza del settore manifatturiero, nei servizi è difficile standardizzare le attività in quanto le prestazioni dipendono da molti fattori (aspetti emotivi, comportamentali, ecc.).

Si pensi semplicemente che un servizio è erogato a persone da persone e alle innumerevoli differenze comportamentali di ognuno di noi.

- **Inseparabilità:** Nei prodotti la produzione ed il consumo avvengono in luoghi e tempi separati, nei servizi le attività di produzione, erogazione e consumo da parte del cliente avvengono spesso simultaneamente.

- **Cliente:** L'importanza del cliente/utente/partecipante è maggiore in quanto questi ha un ruolo attivo sin dalla fase di produzione del servizio.

Le Esperienze

Le esperienze costituiscono un nuovo tipo di offerta.

 Come affermano Pine e Gilmore:

Le imprese creano esperienza quando coinvolgono i clienti in modo memorabile

Se i beni (prodotti) sono tangibili e i servizi sono intangibili, ciò che caratterizza le esperienze è che sono memorabili. I clienti, nel caso delle esperienze, vengono spesso chiamati "ospiti". Gli ospiti attribuiscono un valore aggiunto al fatto di essere coinvolti in qualcosa di personale e memorabile.

Il passaggio da una economia dei servizi ad una economia delle esperienze, costringerà molti produttori ad "esperienzializzare" i loro beni, se questo a volte è semplice (i costruttori di automobili possono sempre puntare sul concetto dell'esperienza della guida), a volte lo è un po' meno: il produttore di bulloni avrà qualche difficoltà e dovrà appellarsi all'ingegno.

Esistono comunque varie possibilità che ogni produttore può mettere in pratica per offre esperienze, a esempio usare una marca esperienziale per i propri prodotti (come fanno Nike, Coca Cola), inscenare eventi esperienziali per i propri prodotti, campagne di marketing che tocchino i sensi e cuori dei propri clienti affidandosi quindi a quello che viene chiamato Marketing Esperienziale.

Il **marketing esperienziale** è un approccio di marketing incentrato non tanto sul prodotto, ma sul consumatore e più precisamente le sue esperienze.

Obiettivo delle strategie di questo tipo di marketing è identificare che tipo di esperienza valorizzerà al meglio i beni e i servizi dell'impresa.

Il modello delle esperienze di Schmitt

Secondo la visione di Bernd H. Schmitt [Marketing Esperienziale 1999], l'esperienza deve essere considerata da un punto di vista modulare, egli classifica le esperienze tramite 5 moduli strategici esperienziali (SEM, cioè Strategic Experiential Module).

Le 5 tipologie di esperienza provocate da stimoli differenti che formano la base del marketing esperienziale sono, secondo Schmitt:

- **Sense (senso)**
- **Feel (sentiment)**
- **Think (pensiero)**
- **Act (azione)**
- **Relate (relazione).**

Sense: L'esperienza che coinvolte i sensi.

Si appella ai sensi e ha l'obiettivo di fornire al consumatore un'esperienza sensoriale attraverso un coinvolgimento polisensoriale: vista, udito, tatto, gusto e olfatto

Feel: L'esperienza che coinvolge sentimenti ed emozioni.

Richiama i sentimenti interiori dei consumatori e ha l'obiettivo di accrescere la fedeltà dei consumatori creando un'esperienza di tipo affettivo del consumatore con il brand aziendale. Per raggiungere tale obiettivo l'impresa deve riuscire a suscitare nell'individuo stati d'animo, emozioni e sentimenti di varia natura e intensità caratterizzati dalla positività.

Think: L'esperienza cognitiva.

Si appella all'intelletto e ha l'obiettivo di creare esperienza cognitive e di problem-solving.

Act: le esperienze che coinvolgono la fisicità.

Spinge l'individuo a vivere esperienze corporee e interagire con altri individui. L'obiettivo è arricchire la vita del consumatore, migliorando le sue esperienze fisiche e mostrandogli modi alternativi di agire.

Relate: le esperienze che derivano dalle interazioni e relazioni con gli altri.

Ingloba anche gli aspetti di Sense, Feel, Think e Act. Il *relate* mette fa relazionare l'individuo nel contesto socioculturale, stimolando le relazioni sociali che coinvolgono il Brand. Obiettivo è creare una brand community che vede il marchio aziendale come punto di riferimento.

Per attivare i moduli Sense, Feel, Think, Act e Relate, l'impresa deve ricorrere a strumenti che si definiscono Fornitori di Esperienza Experience Provider (ExPro):

- La comunicazione
- Le persone
- I siti web e i multimedia
- Gli spazi espositivi
- L'identità visiva/verbale
- La presenza del prodotto

Il concetto di "esperienza"

Vediamo alcune definizioni.

Esperienza: dal latino *experientia,* derivazione di *experiri*, che significa *provare, sperimentare.*

- Conoscenza diretta, personalmente acquisita con l'osservazione, l'uso o la pratica, di una determinata sfera della realtà.
- Nel linguaggio filosofico, tipo di conoscenza fornita dalle sensazioni o comunque acquisita per il tramite dei sensi
- Conoscenza della realtà pratica considerata nel suo complesso
- Contenuto di conoscenza umana considerato dal punto di vista delle modificazioni psicologiche e culturali che esso determina nello sviluppo spirituale di una persona.
- Nel linguaggio scientifico, la prova di un principio, di una teoria, di una legge, ottenuta per lo più in laboratorio col riprodurre un fenomeno al fine di mostrare le relazioni di dipendenza tra cause ed effetti:
- Con senso più generico, esperimento, prova:

(Treccani)

Esperienza: Serie di avvenimenti, di eventi, che segnano una persona. (Sabatini & Coletti, Dizionario della Lingua Italiana).

Esperienza: Conoscenza pratica della vita o di una determinata sfera della realtà, acquistata con il **tempo** e l'esercizio [...] atto o avvenimento, occasionale o deliberatamente cercato, al quale si è partecipato e dal quale si è ricavata una conoscenza, una **modificazione** di comportamento, di sensibilità ecc. (Garzanti linguistica).

Esperienza: eventi privati che si verificano in risposta a una qualche stimolazione che, in ambito aziendale, può essere costituita da iniziative di marketing pre e post acquisto. Le esperienze coinvolgono l'essere umano nel suo complesso e risultano spesso dall'osservazione diretta o dalla partecipazione a eventi, siano essi reali, fantastici o virtuali. [Bernd H. Schmitt, Marketing Esperienziale 1999]

Esperienze: eventi memorabili che coinvolgono gli individui sul piano personale [Pine e Gilmore – 1999].

Secondo Pine e Gilmore [L'economia delle Esperienza: Oltre il servizio -1999-2013] le esperienze sono personali, hanno luogo all'interno dell'individuo che viene coinvolto a livello emotivo, fisico intellettuale o anche spirituale.

Il concetto di esperienza è applicato a molti settori, in campo economico è considerato una categoria di offerta e si parla spesso di:

- **Marketing esperienziale:** quando l'esperienza è strumentale alla erogazione di servizi o vendita di prodotti (non ti vendo solo il prodotto ma anche l'esperienza che ne deriva). In pratica le aziende diventano fornitori di emozioni ed esperienze
- **Offerta Esperienziale:** quando l'esperienza è essa stessa oggetto di offerta.

Esperienza e apprendimento

Dal punto di vista della conoscenza alcune definizioni fornite dalla bibliografica sono:

- **Esperienza:** Acquisizione di dati conoscitivi su parte della realtà (Grande Enciclopedia De Agostini)
- **Esperienza:** Conoscenza diretta, personalmente acquisita con l'osservazione, l'uso e la pratica, di una determinata sfera della realtà (Treccani).

La definizione si avvicina più al nostro scopo in quanto fa intuire, anche se in modo indiretto, la presenza del concetto di "apprendimento esperienziale", alla base del concetto di interpretazione che vedremo più avanti.

Apprendimento Esperienziale

L'apprendimento esperienziale è un modello di apprendimento basato sull'esperienza diretta. Fu studiato da due grandi pedagogisti come John Dewey (1859-1952) e Jean Piaget (1896-1980) e dallo psicologo Kurt Zadek Lewin (1890-1947), ma si è diffuso grazie a David Kolb (1939) che, sulla base degli studi precedenti, ha sviluppato la "teoria dell'apprendimento esperienziale".

Il ciclo di Kolb

Kolb definisce "**apprendimento**" come processo dove la conoscenza si sviluppa mediante l'osservazione e la trasformazione dell'esperienza. Non, quindi, attraverso la passiva acquisizione di nozioni e concetti.

Tale processo si compone di quattro fasi:

1. **Esperienza Concreta (EC)**: la fase delle esperienze concrete, in cui l'apprendimento avviene attraverso le percezioni e quindi come interpretazione personale di esperienze (Fare Esperienza);
2. **Osservazione Riflessiva (OR)**: la fase dell'osservazione riflessiva, in cui l'apprendimento deriva invece dalla comprensione dei significati tramite l'osservazione e l'ascolto (Riflettere sull'Esperienza);
3. **Concettualizzazione Astratta (CA):** la fase della concettualizzazione astratta, nella quale l'apprendimento deriva dall'analisi e dall'organizzazione logica dei flussi di informazioni (Conclusioni Generali dell'Esperienza);
4. **Sperimentazione Attiva (SA):** la fase della sperimentazione attiva, in cui l'apprendimento è il risultato di azione, sperimentazione e verifica di funzionamento ai fini dell'evoluzione o di possibili cambiamenti (I risultati dell'Esperienza vengono utilizzati per nuovi problemi).

Il processo di apprendimento esperienziale delineato da Kolb coinvolge le quattro fasi descritte in un ciclo ricorsivo in cui ogni conoscenza si crea a partire da una precedente esperienza di cui ne è il risultato "Dall'Esperienza all'Esperienza attraverso la Riflessione".

L'apprendimento esperienziale è visto come un processo di apprendimento costruito con l'esperienza e la scoperta, basato quindi su esperienze concrete dove la conoscenza viene creata attraverso la trasformazione dell'esperienza".

Gli ambiti delle esperienze di Pine e Gilmore

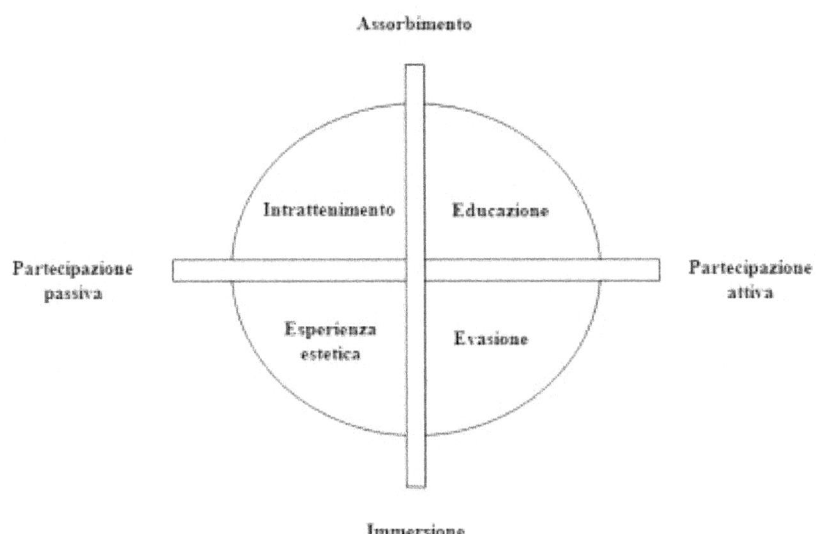

Fonte: Pine e Gilmore [L'economia delle Esperienza 1999]

Nel modello di Pine e Gilmore vengono individuati quattro ambiti delle esperienze:

La prima dimensione (lungo l'asse orizzontale) degli ambiti dell'esperienza corrisponde al livello di partecipazione degli ospiti, si parte da una **Partecipazione passiva**, in cui i clienti non agiscono né influiscono in modo diretto sulla performance (es. i frequentatori dei concerti di musica classica, che vivono l'esperienza come semplici ascoltatori) fino ad arrivare ad una **Partecipazione attiva**, in cui i clienti agiscono personalmente sulla performance o sull'evento che produce l'esperienza (es. i partecipanti alle varie forme di turismo d'avventura compreso l'escursionismo).

La seconda dimensione (lungo l'asse verticale) descrive il tipo di connessione o rapporto ambientale che unisce i clienti con l'evento o la performance, rappresentato. Si parte dall'**Assorbimento**, dove l'esperienza "penetra" nella persona attraverso la mente (es. quando si guarda un film alla TV) fino ad arrivare alla **Immersione**, dove la persona "entra dentro" l'esperienza prendendo fisicamente o virtualmente parte all'esperienza stessa (es. guardare un film al cinema con strumenti che aumentano la realtà virtuale).

L'unione di queste dimensioni definisce i quattro ambiti di un'esperienza:

- intrattenimento,
- educazione,
- evasione
- esperienza estetica.

<u>Questi ambiti sono mescolati fra loro in misura e proporzioni diverse, a seconda del tipo d'esperienza e dell'ospite coinvolto, contribuendo a creare eventi unici, personali e irripetibili.</u>

Il grado di coinvolgimento del cliente dipende sia dal cliente stesso (livello di predisposizione ad essere coinvolti in un dato evento) sia dall'organizzazione che offre l'esperienza (capacità di coinvolgere i clienti).

- **L'ambito dell'intrattenimento:** si verifica quando le persone assorbono passivamente gli eventi, attraverso uno o più sensi, come solitamente capita quando si ascolta della musica, si guarda un film o si legge per piacere.

- **L'ambito dell'educazione:** anche nelle esperienze educative, le persone assorbono gli eventi, ma a differenza dell'intrattenimento, l'educazione implica la partecipazione attiva dell'individuo.

- **L'ambito dell'esperienza estetica:** in queste forme di esperienze gli individui si immergono in un evento o ambiente ma restano passivi. Le tipiche esperienze estetiche sono quelle turistiche, come visitare un parco naturale, una galleria d'arte o un museo. L'estetica di un'esperienza può essere del tutto naturale (es. parco naturale), essenzialmente artificiale (es. parco tematico), o una realtà intermedia. E' opportuno chiarire che l'esperienza di per se non è artificiale: ogni esperienza creata nell'individuo è reale, indipendentemente dal fatto che alla base dell'esperienza ci sia un evento naturale o artificiale.

- **L'ambito dell'evasione**: le esperienze di evasione implicano un'immersione nell'evento e partecipano in modo attivo. Rispetto alle esperienze puramente di intrattenimento o educative l'ospite è in questo caso del tutto immerso in esse, come succede per le esperienze estetiche, ma grazie alla sua partecipazione attiva diventa attore protagonista dell'evento che costituisce l'esperienza. Un esempio di evasione sono le offerte del turismo d'avventura (escursioni) o la partecipazione diretta a sport estremi (kayak).

Partecipando a un'esperienza **estetica** gli ospiti vorranno **essere lì,** a un'esperienza di **intrattenimento** vorranno **guardare**, a un'esperienza **d'evasione** vorranno **provare**, a un'esperienza **educativa** vorranno **imparare**. [Pine e Gilmore: L'economia delle Esperienza 1999].

Le esperienze più ricche e coinvolgenti comprendono aspetti di tutti e quattro gli ambiti.

"Quando tutti e quattro domini si trovano nella stessa ambientazione, allora e solo allora lo spazio diviene un luogo speciale per mettere in scena una esperienza". Pine e Gilmore: L'economia delle Esperienza 1999.

Offerta e Turismo Esperienziale

Da alcuni anni si sta affermando quello che viene chiamato **"Turismo Esperienziale"**. Si assiste ad una evoluzione culturale di ciò che concerne la fruizione turistica. Si passa da un pacchetto turistico dove il turista ha un ruolo da spettatore (passivo, ad una offerta turistica dove il turista diventa attore (attivo) principale della stessa offerta. Nelle nuove forme di turismo, il pacchetto turistico, inteso a volte come insieme di servizi turistici (accoglienza, ricettività, ristorazione, intrattenimento, trasporto, ecc.), è in sostanza costituito dalle stesse emozioni vissute dal cliente. L'offerta turistica tende a trasformarsi sempre di più in una reale esperienza di vita (e educativa), in grado di coinvolgere emotivamente, intellettualmente e fisicamente l'ospite. In sostanza la richiesta turistica si sposta dal classico "cosa mi offri" a "cosa mi fai sentire".

Le offerte esperienziali sicuramente sono in grado di far provare emozioni, e quindi, dal punto di vista emotivo, è giustificato per loro la definizione di "esperienza" ma è sul concetto di apprendimento, e su altri principi che vedremo tra poco, che trovano la vera base terminologica e su cui si basa il contenuto del nostro tentativo di fornire un aspetto formale al fenomeno del turismo esperienziale.

La bibliografia di settore non fornisce una definizione formale è univoca di turismo esperienziale, proveremo, in questa sede a fornirne una, partendo da alcuni concetti base.

Alcune definizioni:

Esperienze multisensoriali: Esperienze che vedono un coinvolgimento polisensoriale che riguarda tutti o quasi i sensi: vista, udito, tatto, olfatto e gusto.

"Quanto più efficacemente un'esperienza coinvolge i sensi, tanto più sarà memorabile" [Pine e Gilmore – 1999].

Offerta Esperienziale: quando l'esperienza costituisce l'oggetto primario dell'offerta.

Potremmo affermare, in linea di massima, che ogni offerta turistica di per sé è in grado di far provare emozioni. Potremmo in teoria affermare che ogni offerta turistica di per sé ci fa apprendere qualcosa. Per cui potremmo classificare tutte le offerte turistiche come "offerte esperienziali" in quanto capaci di coinvolgerci a livello emotivo, fisico e intellettuale o farci apprendere qualcosa (non necessariamente in termini positivi) ma sarebbe solo un modo di accomunare esperienze, che spesso tra di loro hanno poco in comune.

In alcuni casi assistiamo ad esperienze che pur nascendo come strumento accessorio per la vendita di beni servizi (Marketing Esperienziale) assumono un richiamo turistico proprio per la loro valenza emozionale.

Il nostro obiettivo, in questa sede, è concentrarci su uno specifico settore di offerta esperienziale, quello che potremmo chiamare **Percorso Esperienziale Culturale**.

Il percorso esperienziale culturale è un'offerta culturale

E' opportuno partire dalla definizione di turismo culturale fornita dall'Organizzazione Mondiale del Turismo (OMT): "Il turismo culturale rappresenta tutti quei movimenti di persone motivati da scopi culturali come le vacanze studio, la partecipazione a spettacoli dal vivo, festival, eventi culturali, le visite a siti archeologici e monumenti, i pellegrinaggi. **Il turismo culturale riguarda anche il piacere di immergersi nello stile di vita locale e in tutto ciò che ne costituisce l'identità e il carattere"**.

Il turismo culturale ha come sua motivazione principale la fruizione di beni culturali. Il bene culturale può ovviamente essere materiale (monumenti, chiese, musei, castelli, siti storici ed archeologici, ecc.) ma anche immateriale, nel suo senso più ampio e in accordo alla definizione di Patrimonio Culturale Immateriale fornita dalla Convenzione UNESCO di Parigi del 2003 che individua anche gli ambiti dell'attività umana con cui si manifesta tale patrimonio:

a) Tradizioni ed espressioni orali;

b) Arti dello spettacolo;

c) Pratiche sociali, riti e feste;

d) Conoscenza e pratiche concernenti la natura e l'universo;

e) Artigianato tradizionale.

L'offerta esperienziale culturale, per la sua natura, "permette di immergersi nello stile di vita locale e in tutto ciò che ne costituisce l'identità e il carattere", se ciò è vero possiamo affermare che **l'offerta esperienziale culturale è una offerta culturale.**

Nel proseguo del discorso, verrà usato il termine **percorso**, preferendolo al termine offerta per sottolineare il fatto che un percorso è un insieme di attività legate tra di loro, che mirano ad uno scopo ben preciso ma che non necessariamente devono configurarsi come una offerta turistica. Inoltre, sarà sottinteso che per "percorso esperienziale" si intenderà "percorso esperienziale culturale".

1.2 I Principi del Percorso Esperienziale

Un percorso esperienziale, al fine di essere considerato veramente tale, dovrebbe rispettare una serie di principi che lo caratterizzano, eccoli:

1. **Multisensorialità:** Il percorso esperienziale deve prevedere attività di tipo multisensoriale (coinvolgimento dei sensi: vista, udito, tatto, olfatto e laddove possibile, gusto)

2. **Identità locali:** Il percorso esperienziale deve permettere di approfondire la conoscenza di elementi di identità locale

3. **Unicità:** il percorso esperienziale deve presentare caratteristiche di unicità

4. **Relazioni umane:** il percorso esperienziale deve essere basato sulle relazioni umane

5. **Partecipazione diretta:** il percorso esperienziale deve prevedere la partecipazione diretta dell'ospite ad alcune attività

6. **Apprendimento esperienziale:** il percorso esperienziale deve prevedere una fase di apprendimento attraverso la partecipazione diretta dell'ospite ad alcune attività

7. **Approccio tematico:** ogni percorso dovrà essere costruito a partire da un tema che lo caratterizza e che ne costituisce il filo conduttore

8. **Approccio estetico:** l'approccio estetico, è uno degli elementi, assieme a quello della partecipazione diretta, alla base del concetto di "immersione". Gli eventi che costituiscono "la messa in scena dell'esperienza" devono essere progettati in modo da dare importanza a tutti gli aspetti che possano influire sull'estetica: l'atmosfera, il senso del bello, il luogo scelto per l'esperienza, la trama (sceneggiatura) che deve essere coerente con il tema scelto ed il luogo individuato.

9. **Intrattenimento**: il percorso esperienziale dovrebbe anche prevedere dei momenti di intrattenimento che arricchiscono e rendono piacevole l'esperienza.

10. **Immersione**: Il principio di immersione è in realtà, la diretta conseguenza dell'applicazione dei principi di partecipazione diretta e di approccio estetico. Tecniche immersive possono essere implementate al fine di creare un ambiente scenico che vede i partecipanti immersi in un contesto multisensoriale.

Dal momento che i principi esperienziali costituiscono i primi dieci principi dei percorsi di interpretazione del Patrimonio Culturale, e siccome vorrei evitare di ripetermi, vi chiedo di avere pazienza e quindi rimando al capitolo "I Principi dell'Interpretazione" per il loro approfondimento.

Di seguito alcune definizioni, alcune di esse riprendono precedenti definizioni date nel 2019 ma che sono state rivisitate alla luce dei nuovi studi effettuati.

Considero tre livelli crescenti di esperienza:

Esperienza Culturale Semplice

"È una esperienza multisensoriale, che permette di approfondire la conoscenza di elementi di identità locali" *[Ignazio Caloggero – 2019-2022]*

Esperienza Culturale Autentica

"È una esperienza multisensoriale, unica, basata sulle relazioni umane, che permette la comprensione di elementi di identità locale attraverso la partecipazione diretta nelle attività che costituiscono l'esperienza stessa" (Ignazio Caloggero – 2019-2022)

Ciò che differenzia una sperienza culturale autentica da una semplice e **l'unicità**, l'importanza delle **relazioni umane**, la **partecipazione diretta** (attiva) dell'ospite e il passaggio dalla semplice "conoscenza" alla "comprensione" di elementi di identità locale.

Esperienza Culturale Piena

"È una esperienza multisensoriale, unica, immersiva, basata sulle relazioni umane, che permette la comprensione di elementi di identità locale attraverso la partecipazione diretta nelle attività che costituiscono l'esperienza stessa" (Ignazio Caloggero – 2019-2022)

Ciò che differenzia una Esperienza Culturale piena da quella piena è l'applicazione del concetto di **"immersione"**. Infatti, l'ospite, grazie alla partecipazione diretta in un ambiente in cui si è tenuto conto dell'approccio estetico, si "immerge" dentro l'esperienza, diventando attore attivo dell'esperienza stessa.

Una offerta esperienziale culturale piena inoltre dovrebbe anche essere caratterizzata, se ben progettata, dal contenere anche fasi di intrattenimento.

1.3 Il Teatro come modello dell'esperienza

Nella fase di ideazione e progettazione di un percorso esperienziale, può essere di aiuto utilizzare un modello rappresentativo dell'esperienza: lo **spettacolo teatr**ale.

Elementi alla base dell'esperienza vista come spettacolo teatrale sono

- **La Produzione (chi):** L'organizzazione (o "regista di esperienze") è chi ha la responsabilità di ideare e mettere in scena l'esperienza

- **Lo spettacolo (cosa):** l'offerta esperienziale che sarà caratterizzata da un tema e una trama (sceneggiatura)

- **Gli attori (con chi):** le persone dello staff coinvolte nell'offerta esperienziale

- **Il Pubblico (per chi):** gli ospiti. In realtà gli ospiti nel momento in cui vengono coinvolti attraverso una partecipazione attiva diventano essi stessi attori e contribuiranno allo spettacolo

- **Il Palcoscenico (dove):** la location scelta per l'esperienza che può essere un luogo fisico limitato ma in alcuni casi essere costituito dal territorio stesso.

Elementi della messa in scena

Inoltre, in sede di messa in scena dell'esperienza può essere utile tenere conto dei seguenti elementi [L'economia delle Esperienza: Oltre il servizio -1999-2013]

1. Tematizzare l'esperienza
2. Inserire indizi positivi (stimoli) che armonizzano le impressioni
3. Eliminare gli indizi negativi che distolgono dal tema
4. Coinvolgere i cinque sensi
5. Integrare con oggetti ricordo (souvenir)

Tematizzazione dell'esperienza

Il tema costituisce il punto di partenza dell'esperienza, esso è il filo conduttore che permette di individuare, il luogo, la trama e gli elementi scenografici più adatti per rendere l'esperienza veramente memorabile.

Se si tratta di offerta esperienziale culturale il tema dovrebbe essere in armonia con il territorio di appartenenza, alcuni ambiti di appartenenza dove individuare ispirazione per i temi da scegliere, possono essere:

- Cultura e tradizioni
- Artigianato artistico
- Saperi e Antichi Mestieri
- Miti e Leggende
- Enogastronomia
- Aspetti naturali caratterizzanti il territorio
- Aspetti legati ai luoghi della memoria (eventi storici, letterali, filmici, ecc.)

Inserire indizi positivi (stimoli) che armonizzano le impressioni

Gli indizi positivi che rafforzano l'esperienza possono essere fisici o comportamentali

Indizi fisici:

- visioni
- odori
- sapori
- suoni

Indizi comportamentali legati al ruolo.

- Comportamento del personale adeguato
- Vestiario adeguato
- Linguaggio a tema e adeguato

Eliminare gli indizi negativi che distolgono dal tema

Gli indizi precedentemente descritti possono essere positivi ma anche negativi: suoni, e visioni fuori contesto possono disturbare l'esperienza, così come aspetti architettonici trascurati o incoerenti con il tema sono da considerare indizi che contraddicono o distolgono l'attenzione dal tema e quindi disorientano l'ospite rendendo meno memorabile l'esperienza.

Anche un numero eccessivo di indizi, apparentemente inseriti per migliorare il contenuto dell'esperienza può distogliere l'attenzione dal tema: un interlocutore troppo prolisso, un eccesso di contenuti scenografici. E' opportuno sempre avere in mente l'antico detto: il troppo stroppia (o storpia).

Coinvolgere i cinque sensi

Tanto più una esperienza sarà capace di coinvolgere tutti i sensi dell'ospite tanto più contribuirà ad un percorso immersivo e quindi memorabile

Integrare con oggetti ricordo (souvenir)

Gli oggetti ricordo permettono di estendere l'esperienza e costituiscono una testimonianza tangibile della stessa. In particolar modo se gli oggetti costituiscono il risultato di una parte della esperienza (es: piccoli oggetti di artigianato artistico realizzati in proprio durante l'esperienza)

2. Interpretazione del Patrimonio Culturale

2.1 Origini del concetto di Interpretazione

"Ero solo uscito a fare due passi, ma alla fine decisi di restare fuori fino al tramonto, perché uscire, come avevo scoperto, in realtà voleva dire entrare". (John Muir)

Theodore Roosevelt con John Muir - Yosemite Valley, California, ca. 1906.

È negli Stati Uniti, verso la metà del XIX, che nasce quella che è stata chiamata "Interpretazione Ambientale", grazie alla crescita dell'interesse verso le problematiche di tutela del patrimonio naturalistico che porterà alla nascita del primo parco nazionale del mondo, il **Parco nazionale di Yellowstone**, istituito dal presidente Ulysses Grant nel 1872. Altri parchi nazionali seguiranno quello di Yellowstone prima della fine del XIX secolo: **Parco nazionale di Sequoia** (1890), **Parco nazionale di Yosemite** (1890) e **Parco nazionale di Mount Rainier** (1899).

La sensibilità verso la tutela del patrimonio naturalistico fu favorita dallo sviluppo di movimenti filosofici e poetici quali quello del Trascendentalismo americano al cui interno erano figure carismatiche come **Ralph Waldo Emerson (1803-1882)** e il suo amico e discepolo **Henry David Thoreau (1817-1862).**

Ed è proprio in questo contesto culturale che iniziarono a diffondersi, nella seconda metà del XIX secolo le prime forme di turismo ambientale grazie al diffondersi delle prime aree naturalistiche protette al mondo tra queste lo Yosemite Park (1864) che successivamente, nel 1890, divenne Parco Nazionale.

Le prime prassi interpretative in termini di veri e propri servizi di **"storytelling"** intesa come "l'arte di raccontare alle persone le meraviglie e le attrattive di un'area geografica, ovvero dare loro informazioni e **provocazioni** su un luogo affinché possano goderne più a pieno"[1] avvengono in questo contesto culturale, nel primo parco nazionale del mondo, quello di Yellowstone.

Quindi il concetto di Interpretazione nasce in ambito ambientale e solo successivamente tale concetto viene visto in senso ampio individuando come ambito l'intero Patrimonio Culturale.

Nel 1916, anno in cui fu istituito il National Park Service (NPS), alle dirette dipendenze del Ministero degli Interni, i parchi nazionali erano già 15:

---

[1] Marta Brunelli: Heritage Interpretation - Eum edizioni università di macerata – 2014 Nota 2 a pag. 38

Parco	Stato	Anno
Parco nazionale di Yellowstone	Wyoming Montana Idaho	1872
Parco nazionale di Sequoia	California	1890
Parco nazionale di Yosemite	California	1890
Parco nazionale del Monte Rainier	Washington	1899
Parco nazionale del lago Crater	Oregon	1902
Parco nazionale di Wind Cave	Dakota del Sud	1903
Parco nazionale di Mesa Verde	Colorado	1906
Parco nazionale dei ghiacciai[1]	Montana	1910
Parco nazionale vulcanico di Lassen	California	1914
Parco nazionale delle Montagne Rocciose	Colorado	1915
Parco nazionale Vulcani delle Hawaii	Hawaii	1916
Parco nazionale di Acadia	Maine	1916

Tra i principali attori che hanno dato origine al concetto di Interpretazione vanno ricordati: **John Muir** (1838-1914), **Liberty Hyde Bailey** (1858-1954), **Enos A. Mills** (1870-1922) e **Charles Matthias Goethe** (1875-1966).

Anche se tradizionalmente viene riconosciuto, come padre dell'interpretazione ambientale, almeno per quanto riguarda gli aspetti formali, **Freeman Tilden** (1883-1980), grazie alla pubblicazione del libro "Interpreting our heritage" avvenuto nel 1957.

Una interessante descrizione dei contributi che questi attori hanno dato nello sviluppo del concetto di Interpretazione si trova nel libro di Marta Brunelli: Heritage Interpretation – Un nuovo approccio per l'educazione al patrimonio[2]

In questo documento mi limiterò a dare una breve presentazione degli autori citati.

---

[2] Marta Brunelli: Heritage Interpretation - Eum edizioni università di macerata – 2014

John Muir

John Muir (1838 – 1914), naturalista e scrittore scozzese naturalizzato statunitense ed uno dei primi conservazionisti moderni. Grande amico del Presidente Theodore Roosevelt, scrisse molti libri sulla natura, soprattutto illustrando la natura selvaggia delle montagne della Sierra Nevada in California, sia di taglio scientifico e che divulgativo. Il suo diretto attivismo aiutò a preservare la Valle dello Yosemite e altre aree selvagge. L'associazione **Sierra Club**, da lui fondata, fu la prima associazione ambientalista americana. I suoi scritti e la sua filosofia influenzarono fortemente la formazione della moderna scienza ambientale. Fu il promotore del nascente movimento Conservazionista che prese posizioni in merito alla visione etica e filosofica del patrimonio ambientale, visto da alcuni come un patrimonio da preservare incontaminato, e da altri invece come una risorsa da conservare e gestire oculatamente a uso e vantaggio dell'umanità[3].

A Muir viene attribuito, per primo l'uso del termine **"interpretazione"** per descrivere il lavoro di allestitori, docenti e naturalisti nel suo taccuino usato a Yosemite.

Interpreterò le rocce, imparerò il linguaggio dell'alluvione, della tempesta e della valanga. Conoscerò i ghiacciai e i giardini selvaggi e mi avvicinerò il più possibile al cuore del mondo (John Muir, 1896)[4].

Dalla rete: **John Muir in Yosemite**

https://youtu.be/AFizUMvZTI0

---

³ Marta Brunelli: Heritage Interpretation - Eum edizioni università di macerata – 2014 pag. 41
⁴ Foundations of Interpretation Competency Narrative - National Park Service U.S. Department of the Interior - pag. 1

Liberty Hyde Bailey

Liberty Hyde Bailey (1858-1954), orticoltore e botanico statunitense, promotore del **Nature Study Movement** che proponeva un nuovo ideale educativo basato sulla natura intesa come oggetto di studio, come ambiente di apprendimento e come fonte di una metodologia didattica delle scienze naturali imperniata **sull'apprendimento informale ed esperienziale,** che sarebbe stata alla basa della futura educazione ambientale.

Liberty Hyde Bailey sosteneva che tra le materie di insegnamento, l'Orticoltura doveva essere privilegiata rispetto ad altre materie, in quanto avrebbe contribuito ad un maggior senso civico oltre ad una conoscenza tecnica delle manifestazioni della natura per poter operare su di essa con intelligenza e rispetto.

Tra i tanti libri da lui scritti va sicuramente ricordato il volume "The Nature study idea: an interpretation of the new school-movement to put the child into relation and sympathy with Nature, pubblicato nel 1909", dove il secondo capitolo è dedicato alla "poetic interpretation of nature": qui l'interpretation è intesa come la modalità con cui gli uomini leggono la realtà, guidati dalla propria attitudine soggettiva nei confronti del mondo[5].

Dalla rete:

Liberty Hyde Bailey Minidocumentary

https://youtu.be/1bLHaEqsxFs

---

[5] Marta Brunelli: Heritage Interpretation - Eum edizioni università di macerata – 2014 pag. 50

Enos Abijah Mills (1870-1922), naturalista, autore e proprietario di una fattoria americana, fu la figura principale dietro la creazione del Rocky Mountain National Park. Mills è autore di numerosi articoli e libri sulla natura e sull'area del Parco di Estes, a partire dal primo decennio del XX secolo. I suoi discorsi si concentravano generalmente sulla vita degli alberi, sulle questioni forestali, sulla conservazione delle terre naturali e sulla vita degli animali selvatici. Spesso nei suoi discorsi e articoli scritti ha incoraggiato persone di tutte le età a uscire e **immergersi nella natura**.

Fondò la prima scuola di guide naturalistiche dopo aver servito egli stesso come guida ai vari ospiti della sua fattoria. Nella sua scuola applicò una metodologia che faceva leva sulla **partecipazione diretta** da parte dei discenti e sulla capacità di trasformare i fatti in narrazione, i dati in racconto, sostanzialmente una metodologia poetica e narrativa di interpretazione ambientale e che oggi viene conosciuta come **storytelling.**

Il suo entusiasmo per la conservazione fiorì durante un'amicizia fortuita. Mentre camminava sulla spiaggia vicino a San Francisco chiese informazioni a un anziano di un pezzo di alga che aveva trovato. Il passante era solo **John Muir** e la sua risposta alle domande di Mills, diede il via a un legame duraturo tra i due. Muir incoraggiò Mills a unirsi al movimento conservazionista e a scrivere delle sue avventure. Il suo libro "The adventures of a nature guide and essays in interpretation" pubblicato nel 1923 è considerato uno dei libri tra i più significativi nel campo della letteratura sull'interpretazione.

Dalla rete: Enos Mills & F O Stanley Introduction: 2016 Colorado Business Hall of Fame

https://youtu.be/agvsRJKubBY

Charles Matthias Goethe

Charles Matthias Goethe (1875-1966), imprenditore, scienziato, filantropo e ambientalista e fondatore della Eugenici Society of Northern California.

Goethe collaborò con varie organizzazioni, tra cui il Sierra Club di John Muir. Assieme alla moglie avviò una serie di programmi interpretativi in collaborazione con il National Park Service.

Attivo nella causa conservazionista, Goethe era profondamente impegnato anche nei temi dell'educazione e della cura dell'infanzia abbandonata.

Durante una serie di viaggi in Europa insieme alla moglie Mary tra il 1911 e il 1912, ebbe modo di osservare il lavoro educativo condotto da una giovane insegnante in escursione con i suoi allievi presso il Lago di Lucerna. Dopo quell'incontro, i due approfondirono le metodologie europee del nature study e delle escursioni scolastiche nella natura, così come esse si erano sviluppate in Germania, Norvegia, Olanda, Gran Bretagna e Danimarca: da qui, la decisione di replicarle su suolo americano. Individuata la località del Lago Tahoe, vi fondarono quello che sarebbe diventato il «Lake Tahoe Laboratory», nel quale chiamarono Miller e Bryant a prestare servizio come guide naturalistiche[6].

Come Bailey, Goethe era promotore di una didattica educativa basata sull'**apprendimento informale ed esperienziale.**

---

[6] Marta Brunelli: Heritage Interpretation - Eum edizioni università di macerata – 2014 pag. 64

Freeman Tilden

Freeman Tilden (1883-1980), giornalista, scrittore e drammaturgo, decise che aveva bisogno di un cambiamento nella sua vita all'età di 58 anni. Quando il suo amico Direttore del National Park Service Newton Drury lo invitò a lavorare con il National Park Service, entrò nel campo dell'interpretazione e cambiò per sempre la professione. In viaggio in vari parchi per scrivere libri sul sistema nazionale dei parchi si occupò della qualità dei programmi interpretativi dei parchi stessi.

Tilden è considerato il padre dell'interpretazione, grazie al suo famosissimo libro "Interpreting our heritage" pubblicato, la prima volta nel 1957 e successivamente in diverse edizioni. In Italia è molto utile, per desidera approcciarsi allo studio dell'interpretazione, l'edizione pubblicata nel 2019 in lingua italiana, su traduzione di Vanessa Vaio: Freeman Tilden: Interpretare il nostro patrimonio – Edizione italiana del 2019 – Libreria Geografica.

Nel suo libro Tilden, consolidò le basi teoriche, metodologiche e didattiche, stabilendo i principi e le teorie dell'Interpretazione del patrimonio Culturale e sottolineando l'importanza esperienziale nei percorsi di interpretazione.

Tilden fornì anche la prima definizione formale di Interpretazione:

Interpretazione (Freeman Tilden - 1957)

"Attività educativa che aspira a rivelare significati e relazioni attraverso l'utilizzo di oggetti originali, esperienze da vivere in prima persona e mezzi esemplificativi, piuttosto che la mera trasmissione di fatti"[7]

---

[7] Freeman Tilden: Interpretare il nostro patrimonio – Edizione italiana del 2019 – Libreria Geografica p. 29

I Principi dell'interpretazione di Freeman Tilden[8]

1. Qualsiasi interpretazione che non metta in relazione ciò che viene illustrato o esposto con un aspetto della **personalità** o con **l'esperienza del visitatore** risulterà sterile.

2. **L'informazione in se non è interpretazione.** L'interpretazione è rivelazione fondata sull'informazione. Ma esse sono due cose del tutto differenti, sebbene tutta l'interpretazione includa l'informazione. Tuttavia, ogni attività di interpretazione contiene informazioni.

3. **L'interpretazione è un'arte che ne combina altre**, qualunque sia l'argomento esposto: scientifico, storico, architettonico. E in qualche misura, ogni arte può essere insegnata.

4. Lo scopo principale dell'interpretazione non è istruire ma **provocare**.

5. L'interpretazione dovrebbe aspirare a **presentare il tutto** anziché una parte e dovrebbe rivolgersi all'uomo nel suo insieme piuttosto che ad una sua sola fase di sviluppo.

6. L'interpretazione rivolta ai bambini (fino a circa 12 anni) non dovrebbe essere una diluizione di quello che si propone agli adulti, ma avere un **approccio del tutto diverso**. Richiederà programmi specifici e separati per il meglio

---

[8] Freeman Tilden: Interpretare il nostro patrimonio – Edizione italiana del 2019 – Libreria Geografica p. 31

2.2 Evoluzione dei Principi dell'Interpretazione

Dopo Tilden, altri autori, negli anni successivi, hanno premesso di approfondire le teorie e le tecniche interpretative contribuendo, grazie anche alla pubblicazione dei loro lavori, alla definizione degli attuali schemi interpretativi. Tra questi: William J. Lewis; Donald R. Field e J. Alan Wagar; Sam Ham; Larry Beck e Ted T. Cable; John A Veverka; Marta Brunelli e Giovanni Netto.

William J. Lewis

William J. Lewis, naturalista, autore del volume Interpreting for Park Visitors (prima edizione 1960 e diverse edizioni negli anni successivi), uno dei classici nel campo dell'interpretazione. Nel libro Lewis introduce alcuni concetti quali l'**approccio tematico**, che ho indicato come uno dei principi di Interpretazione, si veda più avanti il capitolo: I Principi dell'Interpretazione rivisitati da Ignazio Caloggero e il **triangolo interpretativo** che presenta il processo di comunicazione interpretativa come composto da tre elementi fondamentali:

- l'oggetto da interpretare (fenomeno)
- l'interprete
- il partecipante al percorso di interpretazione

Il libro di Lewis, riporta inoltre un interessante strumento, una lista di controllo di autovalutazione e per aiutare l'interprete a rispondere alla domanda "Sto comunicando in modo efficace con il mio pubblico?"

Donald R. Field e J. Alan Wagar

Donald R. Field e J. Alan Wagar, ricercatori dell'università di Washinton, autori dell'articolo "Visitor groups and interpretation in parks and other outdoor leisure settings", presentato alla Terza Conferenza Mondiale di Sociologia Rurale, Baton Rouge, Louisiana e pubblicato nel 1973 in "Journal of Environmental Education», vol. 5, n. 1, 1973" e nel 1974 in "Guideline - a Pubblication of the park program Vol. 4 n° 2 MAR/APR 1974".

Nell'articolo i due autori espongono i principi alla base dell'interpretazione e mettono in risalto l'importanza del visitatori nel processo interpretativo:

"Una comprensione del comportamento individuale e le influenze del gruppo sul comportamento sono particolarmente importanti per il personale responsabile dell'interpretazione. L'interpretazione include discorsi naturalisti, mostre, programmi audiovisivi, percorsi naturalistici etichettati, opuscoli, pubblicazioni e altre strutture e servizi forniti per aiutare le persone a godere e comprendere le risorse naturali e culturali delle aree che visitano. Un'interpretazione efficace richiede una conoscenza pratica dei partecipanti a cui sono diretti i messaggi in modo che anche i mezzi appropriati possano essere utilizzati per una effettiva ed efficace trasmissione delle informazioni"[9].

Nel loro articolo i due autori suggeriscono di usare strategie alternative a quelle usate fino a quel momento nella gestione dei percorsi interpretativi, basate intorno a cinque principi:

1. I visitatori e le strutture per il tempo libero sono diversi e saranno necessari una **varietà di approcci interpretativi**
2. I visitatori si aspettano un'**atmosfera rilassata e piacevole**
3. Le informazioni interpretative devono essere **gratificanti** per i visitatori
4. Le informazioni interpretative devono essere **facilmente comprese**
5. Il **feedback** (cioè la comunicazione dei visitatori all'interprete) è essenziale.

---

[9] Donald R. Field e J. Alan Wagar "Visitor groups and interpretation in parks and other outdoor leisure settings" - "Guideline - a Pubblication of the park program Vol. 4 n° 2 MAR/APR 1974" pag. 13

Dalla rete

Per chi desidera approfondire, ecco il link per scaricare il documento originale di Donald R. Field e J. Alan Wagar. Visitor groups and interpretation in parks and other outdoor leisure settings. "Guideline - a Pubblication of the park program Vol. 4 n° 2 MAR/APR 1974 "

.http://npshistory.com/newsletters/park_practice/guideline/v4n2.pdf

Sam Ham

Sam H. Ham dirige il Center for International Training and Outreach presso il College of Natural Resources dell'Università dell'Idaho, dove è professore presso il Department of Resource Recreation and Tourism. Ham è autore del libro "Environmental Interpretation: A Practical Guide for People With Big Ideas and Small Budgets – 1992".

Il voluminoso libro di 456 pagine, strutturato in tre parti e undici capitoli, è diventato un testo di riferimento per gli Interpreti del Patrimonio Culturale. Oltre ad affrontare i concetti base, riprendendo e approfondendo anche i concetti sulla **comunicazione tematica** proposti da William Lewis, il libro presenta numerosi esempi, immagini esplicative e casi di studio che ancora adesso, dopo trent'anni dalla loro prima pubblicazione, vale la pena di essere letti.

Nel suo libro, Ham definisce il modello che sarà chiamato "**E.R.O.T**", basato su quattro fattori di qualità che distinguono l'interpretazione da altre forme di comunicazione:

- **E**: L'interpretazione è **piacevole** (Enojable/pleasurable)
- **R**: L'interpretazione è **rilevante** (Relevant): L'interpretazione è realmente rilevante se comprende anche due altre qualità:
    - Significativa
    - Personale
- **O**: L'interpretazione è **organizzata** (Organized)
- **T**: L'interpretazione è **tematica** (has a Theme)

Per ognuna delle qualità citate Ham definisce esempi e tecniche che l'interprete dovrebbe adottare. In questo contesto mi limiterò a dare qualche elemento chiarificatore dei quattro fattori di qualità.

L'interpretazione è piacevole

Per essere piacevole, il processo di intrattenimento deve essere capace di intrattenere i visitatori attraverso forme una atmosfera informale, uno stile comunicativo non accademico. L'interprete non dovrebbe leggere da appunti (non deve svolgere una lezione) ma usare tecniche capaci di coinvolgere i visitatori (storytelling, proiezioni multimediali, stimoli multisensoriali, partecipazione diretta, dimostrazioni pratiche e altre tecniche di intrattenimento)

Altri aspetti da prendere in considerazione per rendere piacevole l'interpretazione:

- Sorridere
- Usare verbi attivi
- Mostrare causa ed effetto
- Collegare storie tecniche a storie di persone
- Usare la personificazione: donare qualità umane selezionate a cose non umane

L'interpretazione è rilevante

L'interpretazione è realmente rilevante se comprende anche due altre qualità:

- **Significativa**: la comunicazione deve essere in grado di creare una connessione con qualcosa che è già nel nostro cervello (esperienze vissute, aspetti di vita quotidiana). Ecco perché di norma gli interpreti usano esempi, analogie, contrasti e metafore nella loro comunicazione.

- **Personale**: Sostanzialmente questa qualità non è altro che il primo principio di Tilden "Qualsiasi interpretazione che non metta in relazione ciò che viene illustrato o esposto con un aspetto della **personalità** o con **l'esperienza del visitatore** risulterà sterile". L'interprete dovrà individuare quelli che vengono chiamati "concetti universali" (come vita, amore, morte, sopravvivenza, famiglia) a cui la maggior parte delle persone può relazionarsi in qualche modo.

Sull'importanza dei concetti intangibili/universali nel campo dell'interpretazione, si sofferma l'interessante documento di 47 pagine dal titolo "Foundations of Interpretation Competency Narrative", documento pubblicato dal Eppley Institute for Parks & Public Lands nel 2009 da un precedente documento del 2007 pubblicato dal National Park Service U.S. Department of the Interior nell'ambito del programma "Interpretive Development Program" che riporta quanto segue:

"Alcuni significati intangibili sono concetti universali, un concetto cui tutti possono relazionarsi, ma che nessuna persona vedrà esattamente allo stesso modo. I concetti universali sono significati intangibili che sono rilevanti per quasi tutti. Sono veicoli potenti che raggiungono molte persone in modi significativi. Alcuni degli elementi immateriali in un prodotto o servizio interpretativo dovrebbero essere concetti universali perché forniscono la massima rilevanza per il pubblico più ampio. Come tutti i significati immateriali, i concetti universali possono e devono essere legati a una risorsa tangibile per produrre un'opportunità interpretativa. Se presentati da soli, i concetti universali possono essere astratti e troppo bruschi per aiutare il pubblico a stabilire connessioni personali con i significati della risorsa. La semplice affermazione di un concetto universale non aiuta i visitatori a creare connessioni significative."

L'interpretazione è organizzata

Il processo di interpretazione è un processo organizzato.

L'interprete dovrà progettare il percorso interpretativo nei suoi singoli aspetti. Una volta individuato il luogo o la risorsa culturale da interpretare, dovrà individuare i concetti chiave, compreso i concetti universali, il tipo di pubblico interessato, i metodi e gli strumenti da usare per il percorso di interpretazione, il tema e dovrà strutturare il tutto in modo che i visitatori potranno facilmente fruire il percorso interpretativo stesso. E' opportuno evitare un eccesso di informazioni, soprattutto se ridondanti o slegate tra di loro, ricordiamo sempre l'antico detto nostrano: "Il troppo storpia".

A tal proposito Tilden scriveva:

"l'artista taglia brutalmente ogni informazione che non sia essenziale alla sua storia"[10]

---

[10] Freeman Tilden: Interpretare il nostro patrimonio – Edizione italiana del 2019 – Libreria Geografica p. 61

L'interpretazione è tematica

Ogni percorso di esperienza di interpretazione dovrà essere costruito a partire da un tema che lo caratterizza e che costituirà la base di partenza dell'esperienza, esso è il filo conduttore che permettere di individuare, il luogo, la trama e gli elementi scenografici più adatti per rendere l'esperienza di interpretazione reale.

A tal proposito Freeman Tilden, nel capitolo "La Storia è tutto" del libro Interpretare il nostro patrimonio, afferma:

"… dare forma e una vita al proprio materiale per raccontare una storia, piuttosto che recitare un inventario"

Ed il tema è proprio lo strumento che permette di "dare forma e vita" al percorso interpretativo. Dell'importanza del Tema, rispetto ad altri aspetti dell'interpretazione ne è convinto Ham, che dopo la sua prima versione del 1992, ebbe modo di perfezionare il modello E.R.O.T ribattezzandolo T.O.R.E e ribaltando l'ordine dei fattori di qualità interpretativa presentati precedentemente.

Un altro aspetto su cui Ham si sofferma su un concetto ben preciso che potremmo così riassumere: **I visitatori non sono studenti e l'interprete non è un insegnante.**

Ham considera i visitatori come pubblico **noncapive ("non vincolato")** e gli studenti come pubblico **captive ("vincolato")**. Il vincolo consiste nel fatto che uno studente è nella sua presenza, vincolato da molti aspetti, per certi aspetti è prigioniero del contesto in cui si trova, dovendo ad esempio, affrontare gli esami relativi all'argomento trattato, per cui non potrà fare a meno di essere attento alla lezione, indipendentemente dal suo interesse. Il visitatore è, come ricorda Tilden, presente principalmente per il proprio piacere e non per interesse[11].

Il visitatore ha le sue aspettative e se non trova adeguati stimoli per continuare ad ascoltare l'interprete non ci penserà due volte a orientare la sua attenzione verso altre cose, o addirittura abbandonare il percorso interpretativo.

---

[11] Freeman Tilden: Interpretare il nostro patrimonio – Edizione italiana del 2019 – Libreria Geografica p. 61

Di seguito una sintesi, tradotta in italiano, della tabella che HAM riporta che chiarire meglio questi concetti[12]

Captive Audinces	Noncaptive Audiences
Pubblico involontario (vincolato alla partecipazione)	Pubblico volontario (non vincolato alla partecipazione)
Orario di partecipazione prestabilito	Non ha vincoli di orario
E' condizionato da giudizi di natura esterna (come il voto o il giudizio dell'insegnante)	Non è condizionato da da giudizi di natura esterna
E' costretto a prestare attenzione	Non è costretto a prestare attenzione
Accetterà un approccio di tipo formale e accademico	Si aspetta una atmosfera informale e un approccio non accademico
Farà uno sforzo per prestare attenzione se annoiato	Cambierà attenzione se annoiato

---

[12] Sam H. Ham. Environmental Interpretation: A Practical Guide for People With Big Ideas and Small Budgets – 1992. Pag. 7

Esempi di motivazione:	Esempi di motivazione:
• Voti • Acquisizione di titoli di studio, certificati o licenze • Lavoro/occupazione • Soldi • Avanzamento di carriera • Successo	• Interesse • Divertimento • Intrattenimento • Arricchimento o miglioramento personale • Una vita migliore (scoprire nuovi aspetti della vita) • Passatempo (niente di meglio da fare)
Esempi di pubblico:	Esempi di situazioni:
• Studenti di Istituti scolatici o Università • Studenti di corsi di formazione • Studenti <u>si</u> seminari professionali • Studenti di corsi necessari per ottenere una licenza o patentino	• Visitatori di Parchi, musei, riserve, ecc. • Turisti in genere • Spettatori di programmi televisivi o radio • Lettori di riviste specializzate

Differenza tra pubblico vincolato (captive) e non vincolato (noncaptive)

John Veverka

Direttore del "The Heritage Interpretation Training Center" e editore delle riviste "InterpNEWS" e "Interpretive Explorer magazines". Autore dei seguenti volumi:

- John A Veverka: Interpretive Master Planning Volume One: Strategies for the New Millennium museums etc - 2011
- John A Veverka: Interpretive Master Planning Volume Two: Selected Essays Philosophy, Theory and Practice - 2011

Nei due volumi Veverka riprende e approfondisce i concetti teorici alla base del processo di interpretazione, rivedendo e revisionando i sei principi di Tilden, inoltre, fornisce gli strumenti pratici che gli interpreti possono usare per progettare e realizzare un percorso interpretativo.

Veverka descrive la comunicazione interpretativa come un processo di comunicazione basato sui sei principi di Tilden distinguendo stile informativo e stile interpretativo.

- **Stile informativo**: Vengono fornite semplici informazioni, la comunicazione è basata sulla trasmissione di fatti ed elencazione di cose o gli aspetti che riguardano il bene raccontato.
- **Stile interpretativo**: Viene rivelata una storia ed un messaggio più alto al di là della rappresentazione degli stessi fatti. Lo stile interpretativo permette di mettere ai visitatori di mettersi in relazione con il "fenomeno" che viene interpretato

L'interpretazione vista come processo di comunicazione è stata successivamente ribadita in altre realtà, tra cui l'Associazione Interpretation Canada che negli anni Settanta ne diede una definizione formale:

"Interpretazione è un processo di comunicazione, progettato per rivelare i significati e le relazioni del nostro patrimonio culturale e naturale, attraverso il coinvolgimento con gli oggetti, i manufatti, i paesaggi e i siti"[13]

---

[13] https://www.heritagedestination.com/hdc-training---what-is-heritage-interpretation/

Veverka inoltre rivede e presenta in versione abbreviata, i sei principi di Tilden chiamandoli "Tilden's Tips" (I consigli di Tilden).

Di seguito i "Tilden's Tips" di Veverka che rappresentano il processo di comunicazione interpretativa:

1 Provocare (Provoke): iniziare l'interpretazione con una dichiarazione provocatoria, un titolo o un'altra tecnica per attirare l'attenzione dei visitatori e stimolare l'interesse e l'attenzione per la comunicazione da seguire.

2 Correlare (Relate): Correlare l'essenza, l'importanza del messaggio o la storia raccontata alla vita quotidiana dei visitatori. Questo aspetto è stato sottolineato anche da SAM HAM indicandolo come una delle qualità dell'Interpretazione (l'Interpretazione è rilevante se è significativa e personale)

3 Svelare (Reveal): Svelare il significato del messaggio principale attraverso un punto di vista insolito. Come avrò modo di descrivere meglio più avanti, l'interpretazione è un processo comunicativo di tipo ermeneutico che mira a rivelare il significato più profondo delle cose. La rivelazione avviene attraverso la trasformazione dell'esperienza interpretativa personale vissuta dal visitatore.

4 Affrontare il tutto (Address the whole): Con questo consiglio (Tips) si riferisce all'importanza di avere un tema unificatore dell'intero percorso interpretativo. Sostanzialmente equivale a dire che l'interpretazione deve avere un approccio tematico. Ogni interpretazione dovrà essere costruita a partire da un tema che la caratterizza e che ne costituisce il filo conduttore.

5 Unità del Messaggio (Message unity): Si riferisce al fatto di usare una ripetizione sufficiente ma varia di segnali per creare e supportare un tema, uno stato d'animo o un'atmosfera particolare

Dopo aver presentato i Tilden's Tips, Reverka fornisce un esempio di scrittura interpretativa che illustra come usarli:

*"A prima vista questo piccolo osso potrebbe non sembrare molto, ma se lo osserviamo più da vicino vedremo che si tratta dell'osso della mascella di uno degli animali più feroci che siano mai vissuti nella foresta (**provocazione**). Si tratta di un cacciatore instancabile, che trascorre ogni minuto del proprio tempo in cerca di qualsiasi vittima riesca a sopraffare e a divorare! (**provocazione**). È un cacciatore implacabile (**provocazione**), che trascorre tutto il suo tempo alla ricerca di qualsiasi vittima che è in grado di superare e mangiare. Infatti, per rimanere in vita, questo animale deve mangiare un quantitativo di cibo pari a più volte il proprio peso corporeo (**provocazione**). Immaginate, se questa creatura avesse le dimensioni di un grosso cane, avrebbe bisogno di mangiare circa 500 libbre di carne al giorno solo per sopravvivere (**rivelazione**). Adesso 500 libre sono tante! Sono circa tre visitatori e mezzo del parco al giorno (**correlazione e rivelazione**).*

*"Beh, fortunatamente per noi, questo animale è lungo solo pochi centimetri (**provocazione**) quando è completamente cresciuto. Questa è la mascella di un toporagno (**rivelazione**), un animale che somiglia a un piccolo topo (**correlazione**), ma ha il cuore di una tigre (**correlazione**). Ora, se guardate da vicino la mascella mentre la passo tra di voi, potete vedere qualcosa di insolito nei suoi denti (**provocazione**)? Sono colorati di rosso e nero alla base di ogni dente. I toporagni sono l'unico gruppo di animali che hanno denti rossi e neri e questo è il segreto per identificare questo animale (**rivelazione**).*

*Ora, a qualcuno di voi utilizza coupon per la spesa? (**provocazione e correlazione**). Bene, tenete pronti i vostri coupon per la spesa, perché ora andremo a vedere dove i topiragni vanno a coprare il cibo [**correlazione e provocazione**). Proseguiamo per il nostro sentiero e vediamo cosa c'è per cena oggi]*[14]

---

[14] John A Veverka: Interpretive Master Planning Volume One: Strategies for the New Millennium museums etc – 2011. Pag. 40.

Larry Beck e a Ted T. Cable

Larry Beck e Ted Cable autori del libro: Interpretation for the 21st Century. Fifteen guiding principles for interpreting nature and culture (1998). Il libro è stato ripubblicato in terza edizione nel 2011 con un titolo leggermente diverso: **The gifts of interpretation. Fifteen guiding principles for interpreting nature and culture**, (2011).

Docenti in corsi di interpretazione, Larry Beck e Ted Cable, hanno revisionato i sei principi di interpretazione di Tilden portandoli a quindici.

I Principi dell'Interpretazione rivisitati da Larry Beck e a Ted T. Cable

1. Per suscitare interesse, gli interpreti devono mettere in relazione **(relate)** l'argomento con la vita dei visitatori.

2. Lo scopo dell'interpretazione va oltre il fornire informazioni per rivelare **(reveal)** un significato e una verità più profondi.

3. La presentazione interpretativa – come opera d'arte – dovrebbe essere concepita come una storia **(story)** che informa, diverte e illumina.

4. Lo scopo del racconto interpretativo è quello di ispirare **(inspire)** e indurre **(provoke)** le persone ad ampliare i propri orizzonti.

5. L'interpretazione dovrebbe presentare un tema completo (**complete theme)** o una tesi completa e rivolgersi all'intera persona **(address the whole person)**

6. L'interpretazione per bambini, adolescenti e anziani – quando questi comprendono gruppi uniformi – dovrebbe seguire approcci fondamentalmente diversi **(different approaches)**

7. Ogni luogo ha una storia **(history)**. Gli interpreti possono riportare in vita il passato per rendere il presente più piacevole e il futuro più significativo.

8. L'alta tecnologia può rivelare il mondo in modi nuovi ed entusiasmanti. Tuttavia, l'integrazione di questa tecnologia nel programma interpretativo deve essere eseguita con lungimiranza e cura **(foresight and care)**.

9. Gli interpreti devono occuparsi della quantità e della qualità (**selezione e accuratezza**) delle informazioni presentate. Un'interpretazione mirata e ben studiata sarà più potente di un discorso più lungo.

10. Prima di applicare le **arti nell'interpretazione**, l'interprete deve conoscere le tecniche di comunicazione di base. La qualità dell'interpretazione dipende dalle conoscenze e abilità dell'interprete, che dovrebbero essere sviluppate continuamente.

11. La **scrittura interpretativa** dovrebbe affrontare ciò che i lettori vorrebbero sapere, con l'autorità della saggezza e l'umiltà e la cura che ne derivano.

12. Il programma interpretativo complessivo deve essere in grado di attrarre sostegno – finanziario, volontario, politico, amministrativo – qualunque sia il supporto necessario affinché il programma possa prosperare.

13. L'interpretazione dovrebbe instillare nelle persone la capacità e il desiderio di percepire la **bellezza** di ciò che li circonda – di fornire un elevamento spirituale e incoraggiare la conservazione delle risorse.

14. Gli interpreti possono promuovere esperienze ottimali attraverso un programma intenzionale e ponderato e la **progettazione** del processo interpretativo.

15. La **passione** è l'ingrediente essenziale per un'interpretazione potente ed efficace: passione per la risorsa e per quelle persone che vengono ispirate dalla stessa.

Come si potrà notare nei quindici principi dei due autori, non solo sono presenti i sei principi di Tilden e i Tilden's Tips di Reverka ma anche le riflessioni che Tilden stesso ha illustrato nel suo libro "Interpretare il nostro patrimonio"[15]

---

[15] Freeman Tilden: Interpretare il nostro patrimonio. In particolare, i capitoli 3: La materia prima e i suoi frutti; 4: La storia è tutto; 9: Portare il passato nel presente; 11: Il mistero della Bellezza; 12: L'ingrediente insostituibile; 13 L'uso di dispositivi tecnologici.

Nell'ultimo decennio, altre figure di rilievo hanno dato la loro impronta sugli studi recenti nel campo dell'interpretazione, tra questi non possono essere dimenticati Marta Brunelli e Giovanni Netto.

Marta Brunelli

Marta Brunelli, Professoressa Associata di Pedagogia generale e sociale presso il Dipartimento di Scienze della formazione, beni culturali e turismo dell'Università di Macerata è l'autrice di un interessantissimo libro: "Heritage Interpretation. Un nuovo approccio per l'educazione al patrimonio" - Eum edizioni università di macerata – 2014. Il libro esplora, in modo minuzioso e a mio avviso, illuminante, la storia e le caratteristiche dell'Heritage Interpretation. Ritengo che chiunque abbia interesse ad approfondire l'argomento dell'interpretazione del patrimonio culturale deve aver letto, almeno una volta questo libro.

Giovanni Netto

Giovanni netto, Presidente dell'Associazione Italiana Interpreti Naturalistici Educatori, è autore del libro "Interpretazione Ambientale" – Un approccio sistemico alla gestione per la tutela del patrimonio naturale e culturale – INEA – 2020. Il libro si presenta come "Un manuale e un racconto per guide naturalistiche e turistiche, educatori al patrimonio naturale e culturale, progettisti e realizzatori comunicativi, gestori e animatori territoriali, insegnanti, appassionati". Anche questo libro, così come quello della professoressa Brunelli, ritengo debba essere letto (e riletto) dagli studiosi dell'interpretazione culturale.

3. I Principi dell'Interpretazione integrati

Tipi di Interpretazione

Prima di presentare i principi dell'interpretazione da me rivisitati, è opportuno chiarire che quando si parla di interpretazione è opportuno distinguere tra:

- **Interpretazione diretta (Interpretazione personale):** Esperienze di Interpretazione che prevedono la partecipazione diretta sia degli interpreti sia degli ospiti nelle attività interpretative. L'Interpretazione diretta offre ai visitatori l'opportunità di interagire di persona con un interprete (contatti informali, discorsi, passeggiate guidate e dimostrazioni dal vivo, ecc.)

- **Interpretazione mediata (Servizi di Interpretazione o Interpretazione non-personale)** Realizzazione degli strumenti e dei servizi di comunicazione (cartelli, segnaletica, mappe, opuscoli illustrativi, guide, volantini, produzioni e postazioni multimediali, allestimenti, siti web, app, ecc.) e progettazione dei Piani di Interpretazione

Secondo il National Park Service, che usa i termini **servizi personali** e **servizi non personali** (o servizi media), i servizi personali raggiungono solo il 22% dei visitatori, al contrario, oltre il 62% dei visitatori riceve servizi di interpretariato attraverso servizi media come brochure, giornali, audio tour ed etichette per mostre.[16]

Ho lasciato il termine "servizi" nel solo caso dell'interpretazione mediata, in quanto questo aspetto potrebbe essere considerato effettivamente un servizio. Per quanto riguarda invece l'interpretazione diretta, voglio evitare di usare il termine servizio ed usare invece la parola "esperienza", in linea a quanto già scritto al capitolo 1.2 "dal Prodotto alle Esperienze".

---

[16] Foundations of Interpretation Competency Narrative pag. 10

Vista l'intima relazione esistente tra il concetto di esperienza e quella di interpretazione vorrei proporre una rivisitazione dei principi di Tilden integrandoli con quelli dei percorsi esperienziali e adattatoli con il concetto stesso di "interpretazione.

I seguenti principi, sono ipotizzabili, seppur con le diverse modalità di applicazione, sia all'interpretazione diretta che mediata.

3.1 I 18 Principi dell'Interpretazione

1. **Approccio Multisensoriale:** L'interpretazione deve essere, il più possibile di tipo multisensoriale (coinvolgimento di almeno due o più sensi: vista, udito, tatto, olfatto, gusto)

2. **Approccio culturale (Identità locali):** L'interpretazione deve permettere di approfondire la conoscenza di elementi di identità locale

3. **Unicità:** il percorso di esperienza di Interpretazione deve presentare caratteristiche di unicità

4. **Centralità dei partecipanti:** Ogni interpretazione deve tenere conto dei partecipanti e tenere conto della loro centralità rispetto al contesto

5. **Partecipazione:** il percorso di esperienza di Interpretazione deve prevedere la partecipazione, possibilmente diretta, dell'ospite alle attività

6. **Processo educativo (Apprendimento esperienziale):** L'Interpretazione deve prevedere una fase di apprendimento di tipo esperienziale

7. **Approccio tematico:** ogni **interpretazione** dovrà essere costruita a partire da un tema che la caratterizza e che ne costituisce il filo conduttore.

8. **Approccio estetico:** l'approccio estetico, è uno degli elementi, assieme a quello della partecipazione diretta, alla base del concetto di "immersione". Gli eventi che costituiscono "la messa in scena dell'esperienza" devono essere progettati in modo da dare importanza a tutti gli aspetti che possano influire sull'estetica: l'atmosfera, il senso del bello, il luogo scelto per l'esperienza, la trama (sceneggiatura) che deve essere coerente con il tema scelto ed il luogo individuato.

9. **Intrattenimento:** Ogni percorso di Esperienza di interpretazione dovrebbe anche prevedere dei momenti di intrattenimento che arricchiscono e rendono piacevole l'esperienza.

10. **Immersione:** Il principio di immersione, così come nei percorsi esperienziali, è la diretta conseguenza dell'applicazione dei principi di partecipazione diretta e di approccio estetico

11. **Rivelazione (comunicazione ermeneutica):** L'interpretazione è un processo comunicativo di tipo ermeneutico (arte o disciplina che sia), che mira a rivelare il significato più profondo delle cose. La rivelazione avviene attraverso la trasformazione dell'esperienza interpretativa personale vissuta dal visitatore

12. **Provocazione (comunicazione basata sulla provocazione):** il processo comunicativo che permette all'interprete di svelare (non insegnare) e al partecipante del percorso di esperienza di scoprire (non a imparare) avviene grazie alla provocazione, da parte dell'interprete, della curiosità e del coinvolgimento dei partecipanti.

13. **Approccio sistemico (visione olistica):** L'interpretazione deve avvenire con un approccio olistico, dovrebbe tener contro di tutti gli aspetti, delle relazioni e dei legami tra i partecipanti, il bene (o fenomeno) interpretato ed il contesto in cui si si vengono a trovare i tre elementi alla base dell'interpretazione: l'interprete, il bene (o fenomeno) e il partecipante.

14. **Approccio su misura:** L'interpretazione deve tenere conto sia del target dei fruitori finale: età, scolarizzazione, contesto sociale di appartenenza, sia di altre variabili quali bisogni espressi e impliciti degli stessi fruitori. Per ogni target individuato dovranno essere individuati: temi, metodi e programmi specifici.

15. **Approccio creativo:** Il processo di interpretazione deve precedere uno stile comunicativo che deve coinvolgere tutta la dinamica del pensiero, raccontando luoghi e fatti in modo creativo e coinvolgente e utilizzando tecniche interpretative quali storytelling e scrittura creativa

16. **Interpretazione fondata sui fatti:** L'interpretazione deve avere all'origine fatti e luoghi concreti. L'informazione sui cui si fonda l'interpretazione deve basarsi su dati e informazioni approfondite e di qualità

17. **Semplicità e coerenza comunicativa:** L'interpretazione deve prevedere un linguaggio che non sia eccessivamente tecnico, lungo o non pertinente con il contesto da interpretare

18. **Connessione emotiva (passione):** L'interprete deve amare l'oggetto dell'interpretazione, il risultato dell'interpretazione è fortemente correlato alla passione e alla connessione emotiva che lega l'interprete e il fenomeno da interpretare.

Approfondiamo i singoli principi ricordando che i primi dieci principi non sono altro che i principi del percorso esperienziale, questo porta ad affermare che L'Interprete del Patrimonio è a tutti gli effetti un **Regista di Esperienze** (Experiential Manager o Manager delle Esperienze).

Un Percorso di Interpretazione è un percorso esperienziale (non il viceversa) ed è composto da una componente prettamente esperienziale (principi da 1 a 10) e una componente prettamente interpretativa (principi da 11 a 18).

I soli componenti prettamente interpretativi non bastano a realizzare un percorso interpretativo in quanto dovranno sempre essere applicati anche le componenti esperienziali.

Per questo motivo io utilizzerò spesso il termine di **Percorso di Esperienza di Interpretazione** per riferirmi ai percorsi interpretativi e **Percorso esperienziale/interpretativo** o semplicemente **Esperienza** per riferirmi sia ai percorsi prettamente esperienziali sia a quelli interpretativi.

In ogni caso mi appello al vostro buon senso, per capire di volta in volta il reale significato, in base al contesto in cui sono inseriti i singoli termini.

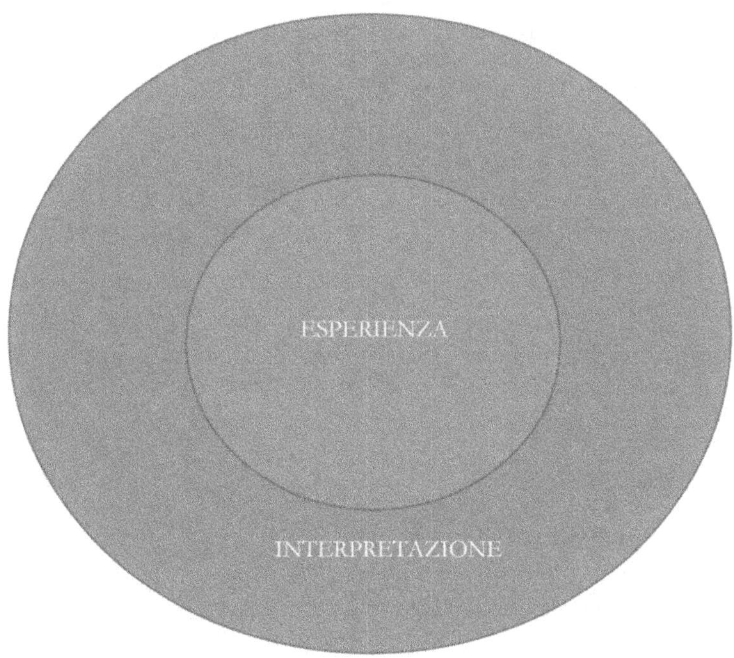

1. Multisensorialità

La modalità di esperienza multisensoriale, assieme a quella immersiva ed emozionale, è uno degli aspetti su cui hanno puntato molti degli interpreti del passato, soprattutto quelli che si sono interessati alla interpretazione ambientale. Le **esperienze dirette** e le osservazioni svolte sul **campo** comportano il coinvolgimento di gran parte dei sensi: **vista, udito, tatto, olfatto e in alcuni casi, gusto.**

Il contatto con la natura, gli animali ed il cibo offrono innumerevoli occasioni di multisensorialità.

Una passeggiata nei campi o nei luoghi di produzione in un ambiente rurale può essere una occasione di una esperienza multisensoriale davvero unica: percepire gli effetti del vento sulla pelle, il suono degli insetti o degli animali, l'odore dei fiori, del fieno, dell'uva pestata, del vino, dell'olio spremuto, delle erbe aromatiche, così come toccare con le mani fiori, animali, alberi e tutto ciò che ci capita di incontrare durante la passeggiata (a parte le ortiche, non consiglierei di arrivare a tanto!).

Alcuni eventi spesso integrati con l'offerta esperienziale quali le escursioni e le visite guidate, di per se sono eventi multisensoriali, negli altri casi, come ad esempio i servizi alle persone, di intrattenimento o la stessa predisposizione delle camere e degli ambienti comuni della struttura in cui si è ospiti, dei tavoli e dello stesso cibo, si tratta spesso di aggiungere elementi che arricchiscono l'esperienza: **luci, odori, suoni, ambienti immersivi** ed altri stimoli sensoriali.

Per il settore enogastronomico è utile ricordare la frase di Charles Spence:

"Anche mordere un'albicocca fresca si rivela una esperienza multisensoriale, in quanto il cervello mette assieme il profumo, il sapore, la consistenza, il colore, il suono dei denti che affondano nella polpa succosa, per non parlare della sensazione pelosa della buccia sulla mano e all'interno della bocca".

(Charles Spence – Gastrofisica: la nuova scienza del mangiare).

Per le **interpretazioni dirette (interpretazione personale)** quindi, non è difficile applicare questo principio, in quanto insito nella natura stessa del percorso.

Qualche difficoltà di applicazione potremmo averlo in caso di **interpretazione mediata (servizi di interpretazione)**. Un cartello o una etichetta in legno anche se ben interpretata da sola difficilmente può essere associata al concetto di multisensorialità, ma un intelligente accoppiamento che vede, eventualmente laddove possibile, l'uso combinato della tecnologia multimediale o di altri accorgimenti anche non necessariamente tecnologici possono attivare altri sensi oltre alla vista compreso i sensi dell'olfatto, dell'udito e del tatto. Tutto rimane alla capacità creativa dell'Interprete.

Quando possibile quindi, potrebbe essere consigliato l'utilizzo di strumenti multimediali che combinano testi, suoni, luci e video ed in alcuni casi anche capaci di creare stimoli tattili e olfattivi. In quest'ottica si intensificano i casi di mostre tattili sensoriali nei diversi settori in cui l'interpretazione trova spazio.

Un aiuto alla Multisensorialità e dato quindi dall'utilizzo di tecniche e metodologie tipiche del **Marketing Sensoriale**. Un breve cenno alle diverse situazioni.

Udito

L'udito, come altri sensi, influenza un'esperienza enogastronomica. I suoni possono, oltre che incidere in modo positivo o negativo sul nostro stato d'animo, modificare anche il gusto degli alimenti, alterandone addirittura la percezione. Le ricerche dello psicologo esperto di gastrofisica, Charles Spence hanno permesso di scoprire che alcuni suoni possono influenzare le papille gustative delle persone e che la musica può far sembrare il cibo il 10% più dolce o salato.

E' opportuno tenere presente che durante il pasto, stimoli uditivi esterni intensi e/o prolungati possono diminuire la sensibilità ai sapori. Il Rumore non colpisce solo l'udito ma anche il "gusto.

Anche i suoni intrinseci degli alimenti che avvengono durante la masticazione possono essere uno stimolo positivo, ad esempio il croccante delle patatine. Addirittura, in alcuni, casi come appunto quello delle patatine si creano i sacchetti che li contengono in modo da avere un certo rumore che ricorda il concetto della croccantezza.

La musica e l'intero ambiente spesso incidono sugli stessi comportamenti degli ospiti, in tal caso è utile tenere conto dei seguenti elementi:

- La musica di sottofondo eccessiva può essere un disturbo oltre a non facilitare, a volte, la semplice comunicazione tra i partecipanti;

- La musica ad alto volume e ritmata tende a creare una atmosfera che porta a ridurre i tempi di permanenza in un locale dove si mangia o beve, viene, infatti usata in alcuni locali per far liberare prima i posti;

- La musica classica crea un'atmosfera rilassante, tende a far rimanere di più e far predisporre il cliente a pagare di più il servizio;

- Ovviamente il tipo di musica deve adattarsi anche al contesto, probabilmente non capiterà di frequente sentire la musica classica in un fast food o in una birreria bavarese.

Alcuni esempi:

- **Il menù Sound Bite:** La compagnia aerea britannica British Airways associa i pasti a brani musicali appositamente abbinati al fine di migliorare il sapore del cibo servito a bordo. Sulla base di uno studio condotto dal professore britannico Charles Spence, la compagnia aerea ha sviluppato un menu denominato "Sound Bite" a 13 tracce, disponibile sui voli a lungo raggio. I passeggeri possono scegliere tra brani come Scream di Paolo Nutini per l'antipasto di salmone scozzese, poiché si dice che i musicisti scozzesi rafforzino la provenienza dei cibi scozzesi. Nel frattempo, la musica di James Blunt e Madonna sono entrambi abbinati ai dessert, poiché si dice che i loro toni acuti mettano in risalto i sapori dolci. Allo stesso modo, il vino è abbinato alla musica classica e rock, che si dice aumenti la percezione della qualità e della profondità del sapore.

- **Food Ensemble - Cucina Elettronica:** I **Food Ensemble** sono tre giovani artisti che cucinano dal vivo e trasformano i rumori della preparazione, in brani che accompagnano la degustazione. I piatti vengono realizzati davanti agli occhi dello spettatore proprio come in uno show cooking, i rumori della preparazione si trasformano e diventano musica, dal vivo come in un concerto live. L'esperienza è costituita da una degustazione di quattro portate unito ad un concerto di quattro composizioni. L'Ensemble è composto da **Francesco Sarcone**, musicista e premiato sound designer, manipolatore di suoni per comporre musica espressa, **Andrea Reverberi**, chef formato nelle cucine tradizionali, amante della commistione di sapori ed esperienze e **Marco Chiussi** fonico, sous-chef e Sommelier.

Il Tatto

La stimolazione tattile nella bocca cattura il sapore, ma l'esperienza gustativa è anche influenzata dall'esperienza tattile che si prova toccando direttamente il cibo con le mani.

Ecco alcuni esempi di ristoranti in cui alcune portate vengono mangiate usando le mani:

- **Mugaritz di San Sebastian:** La prima parte delle 25 portate del menu si mangia usando direttamente le mani, i commensali ad un certo punto vengono invitati a visitare la cucina per osservare il dietro le quinte e scambiare due parole con lo chef.
- **Noma di Copenaghen:** Le prime portate sono da mangiare con le mani e la durata del pranzo o della cena è di circa due ore e mezza.

Olfatto

L'olfatto, più degli altri sensi, ha una stretta relazione con il cervello, si è scoperto infatti che i recettori olfattivi non sono altro che una estensione del nostro cervello in quanto sono a contatto diretto con il sistema limbico, la zona del nostro cervello in cui risiedono l'emotività, l'umore e il senso di autocoscienza.

Uno studio condotto da parte della Rockefeller University, ha mostrato che nel breve periodo ricordiamo solo l'1% di ciò che tocchiamo, il 2% di quello che ascoltiamo, il 5% di quello che vediamo, il 15% di quello che gustiamo e fino al 35% di quello che odoriamo, sottolineando l'importanza di tale senso dal punto di vista commerciale.

I profumi, oltre ad aumentare e migliorare il gusto, come è il caso delle offerte enogastronomiche, possono essere anche usati per stimolare ricordi e associazioni mentali positive.

In alcuni casi vengono usati aromi di sottofondo (**aromi atmosferici**) per creare un'atmosfera o un clima particolare che serve a rafforzare l'esperienza (sia essa legata al servizio enogastronomico, sia essa legato ad altri tipi di servizi, quali il soggiorno in una struttura ricettiva, la permanenza in un centro benessere, o alla permanenza all'interno di un punto vendita).

Charles Spence, nel suo libro "Gastrofisica: la nuova scienza del mangiare", racconta come il nonno che aveva un negozio di alimentari nel nord dell'Inghilterra, spargeva dei chicchi di caffè di prima qualità per terra, nello spazio dietro il bancone. Quando entrava un cliente, schiacciava i chicchi con il piede, rilasciando nell'aria un aroma che, sperava, li avrebbe spinti a comprare un po' di caffè.

Altro esempio di marketing sensoriale: Dunkin Donuts, tempo fa attivò una campagna pubblicitaria per promuovere il loro caffè, come bevanda. L'idea fu quella di mettere l'annuncio sugli autobus in Corea del Sud diffondendo l'odore del caffè. Per farlo, hanno creato una macchina che ha attivato quel noto profumo durante l'annuncio. In questo modo, le persone sono state in grado di associare il profumo al brand. Ma per essere ancora più strategici, hanno selezionato le linee di autobus che si fermavano davanti ai negozi Dunkin Donuts.
Ovviamente non bisogna esagerare con i profumi, ad esempio nel caso di una esperienza enogastronomica è sempre opportuno stare attenti affinché il profumo di sottofondo non vada in competizione con gli aromi del cibo stesso (**aromi in primo piano**).

Anche la scelta dei profumi è importante, una scelta legata esclusivamente in base ai propri gusti personali potrebbe portare ad individuare un profumo sbagliato, magari fuori dal contesto del prodotto/servizio che si vuole proporre alla clientela e quindi creare effetti indesiderati. Negli Hotel, ad esempio, è orami molto diffusa l'abitudine di utilizzare fragranze che costituiscono in alcuni casi una vera e propria firma olfattiva della struttura.

Dalla Rete

Per i prossimi esempi vi invito a non limitarvi alla semplice lettura, il messaggio che desidero comunicarvi potrà essere compreso a fondo solo guardando i video (da YouTube) che potrete visualizzare scannerizzando il QR-Code con il vostro smartphone che sicuramente avete con voi.

Fat Duk

Un esempio in cui i commensali, con il supporto di cuffie, ascoltano il suono del mare gustando un antipasto di mare.

https://youtu.be/R_6vJ4jB0B0

Ristorante Ultraviolet di Shanghai

Ambiente immersivo al ristorante con la prima esperienza culinaria multisensoriale al mondo a Shanghai.

https://youtu.be/KhFUPXxnbFM

Vincent Van Gogh Alive

Mostra immersiva all'Atelier des Lumières di Parigi

https://youtu.be/BbgrHnbgoDU

Video Art Installation - Melinda - GOLDEN THEATRE

Il Melinda Golden Theatre è un'esperienza immersiva ed emozionante, si trova a Val di Non in Trentino

https://youtu.be/fixpbNA6atc

2. Approccio culturale (Identità locali)

Se l'esperienza è di tipo culturale o se ci riferiamo ad un percorso di interpretazione del patrimonio culturale significa che per definizione gli elementi di identità locali sono compresi nel precorso: luoghi, storie, prodotti tipici, usi, costumi e tradizioni.

Ad esempio, un evento enogastronomico all'interno di un borgo antico presenta caratteristiche di unicità legati proprio al fatto che si lega a percorsi di unicità culturale, in quanto ogni borgo ha una sua unicità che lo caratterizza. Analogo discorso può dirsi per le attrattive culturali e naturali del luogo.

Tali identità possono essere quindi elementi culturali, naturali, storici o demoetnoantropologici. Un intelligente (e competente) "racconto" di tali identità farà sì si creino i presupposti per una connessione emotiva tra il partecipante e la risorsa culturale oggetto del percorso esperienziale/interpretativo. Una connessione che renderà duraturo il ricordo dei luoghi e della stessa esperienza vissuta.

Esempio da "vedere"

Hotel Eremito – Vacanze in Monastero

https://youtu.be/8IXwSmIqhcc

3. Unicità

Anche l'unicità dell'esperienza culturale o di interpretazione culturale risiede proprio nella sua natura. Una esperienza culturale autentica non è in genere, una offerta seriale e di massa.

I prodotti ed i servizi, eventualmente inclusi nel percorso esperienziale/interpretativo sono solo un aspetto indiretto, le componenti essenziali sono emozioni, sensazioni, capacità di far "sentire" e "scoprire" qualcosa di diverso dal solito e quindi "unico".

Un evento enogastronomico all'interno di un borgo antico presenta caratteristiche di unicità legati proprio al fatto che si lega a percorsi di unicità culturale, in quanto ogni borgo ha una sua unicità che lo caratterizza. Analogo discorso può dirsi per le attrattive culturali e naturali del luogo.

I luoghi culturali visiti sono sicuramente importanti ma è la capacità interpretativa (e creativa) dell'interprete, il tema o il racconto scelto che renderanno unica l'interpretazione.

L'unicità è legata anche al fatto che i visitatori sono "unici" e quindi in quando attori attivi dell'esperienza interpretativa la renderanno unica e irripetibili, almeno dal loro punto di vista soggettivo.

4. Approccio relazionale (centralità e unicità delle persone)

Un percorso esperienziale dovrebbe essere caratterizzato dal fatto di essere un processo interattivo che si traduce in una forte relazione umana tra chi offre l'esperienza e chi la riceve. Si assiste ad una forma di personalizzazione dell'esperienza, anche in base alla personalità dell'ospite che assume un ruolo centrale. La capacità di comunicazione empatica che dovrebbe avere chi offre l'esperienza, il ricevere "sensazioni" sono legate alle relazioni che si vengono a creare durante l'esperienza, favorite anche dalla presenza di un numero limitato di persone che contemporaneamente usufruiscono dell'offerta esperienziale

Nel caso dell'interpretazione tale relazione empatica deve avvenire tra l'interprete (e le persone del team coinvolti nel percorso) e il partecipante dell'esperienza interpretativa stessa.

Questo aspetto si ricollega a quanto indicato da Tilden nel primo dei suoi principi dell'interpretazione:

"Qualsiasi interpretazione che non metta in relazione ciò che viene illustrato o esposto con un aspetto della personalità o con l'esperienza del visitatore risulterà sterile"

Il partecipante ad un percorso di interpretazione assume un ruolo centrale nel processo di comunicazione interpretativa e di questo dovrà tenerne conto l'interprete che dovrà trovare una connessione profonda con la stessa personalità del partecipante. Questo potrà avvenire solo se si riesce ad attivare un approccio comunicativo basata sulle relazioni umane.

Questo principio può essere applicato, per certi aspetti ed in maniera ovviamente limitata, anche ai servizi interpretativi. In tal caso la stesura degli strumenti di comunicazione dovrà tenere conto per quanto possibile, di quelli che sono gli aspetti delle personalità o delle esperienza dei fruitori del servizio interpretativo cercando di creare relazioni gli argomenti esposti con aspetti della vita quotidiana.

Questo principio è visto come uno dei fattori di qualità dell'interpretazione da Sam Ham:

"l'Interpretazione è rilevante se è significativa e personale"

ed è inserito tra i Tilden's Tips di Reverka (Relate).

5. Partecipazione diretta

La partecipazione diretta è uno degli elementi alla base del concetto di "immersione". La partecipazione diretta fa diventare attori consapevoli i fruitori dell'esperienza che non sono quindi spettatori passivi dell'evento. E' questo il caso di esperienze realizzate nei centri di produzione (cantine, birrifici, frantoi, fattorie, ecc.) o delle escursioni che in quanto tali non esisterebbero senza partecipazione diretta.

Per favorire questo principio è utile implementare attività, durante il percorso esperienziale/interpretativo, che vedono il coinvolgimento diretto degli stessi.

Senza partecipazione attiva da parte dei partecipanti non può esserci una "esperienza autentica" che può realizzarsi solo a seguito dell'interazione tra gli accompagnatori e i partecipanti ed il pieno coinvolgimento di quest'ultimi.

Tale aspetto è stato sottolineato da Freeman Tilden nel suo libro "Interpretare il nostro Patrimonio" egli scrive:

La partecipazione non deve implicare un'azione, ma deve anche essere qualcosa che il partecipante stesso considererebbe come nuovo, speciale e importante[17]

Quindi non basta la partecipazione intesa come semplice azione ma deve essere speciale e come detto precedentemente "unica".

Tilden sottolinea come la partecipazione accompagnata dalla dimostrazione siano degli ingredienti di interpretazione talmente impagabili che un interprete non dovrebbe mai lasciarsi sfuggire la possibilità di includere nei programmi di interpretazione[18]

Ricordo che fu Enos Abijah Mills, uno dei primi ad utilizzare una metodologia che faceva leva sulla partecipazione diretta da parte dei discenti e sulla capacità di trasformare i fatti in narrazione e i dati in racconto.

---

[17] Freeman Tilden: Interpretare il nostro patrimonio – Edizione italiana del 2019 – Libreria Geografica p. 127
[18] Freeman Tilden: Interpretare il nostro patrimonio – Edizione italiana del 2019 – Libreria Geografica p. 130

Veverka[19] ricorda che in fase di progettazione di un programma o servizio interpretativo, bisogna tenere presente che i visitatori conservano il

- 10 per cento di ciò che sentono.
- 30 per cento di ciò che leggono.
- 50 per cento di ciò che vedono.
- 90 per cento di quello che fanno

Per i servizi interpretativi l'applicazione di questo principio è più difficile ma sempre possibile, almeno in parte. Si tratta di creare, ad esempio un certo grado di autonomia da parte del partecipante ad attivare meccanismi di interattività che lo rendono attore, questo è possibile in ambienti espositivi grazie alla tecnologia che in alcuni casi può arrivare ad implementare meccanismi di realtà aumentata anche in assenza di interprete presente.

In alcuni casi la tecnologia potrebbe essere utilizzata anche all'esterno in quanto al posto di semplici cartelli e schede interpretative potrebbero essere realizzati totem informativi o una tecnologia che grazie ad un uso intelligente della multimedialità possa comunque facilitare un minimo di interattività da parte dei visitatori.

---

[19] John A Veverka: Interpretive Master Planning Volume One: Strategies for the New Millennium museums etc – 2011. Pag. 44

6. Apprendimento esperienziale

Un reale percorso esperienziale/interpretativo è una forma di apprendimento, infatti permette di imparare qualcosa di nuovo (e unico) attraverso il modello di apprendimento denominato "Apprendimento esperienziale" (Experiential Learning) che vede il coinvolgimento diretto e fisico nelle attività associate all'offerta turistica esperienziale (Es: cucinare, vendemmiare, mungere, realizzare prodotti artigianali, ecc.) o al percorso interpretativo.

L'offerta esperienziale culturale, soprattutto se realizzata attraverso la partecipazione diretta e legata alla conoscenza e comprensione delle identità locali è di per se una forma di apprendimento esperienziale.

Analogo discorso vale per una escursione, soprattutto se non è limitata alla semplice passeggiata nella natura ma se è accompagnata dalla descrizione dei luoghi, della flora e della fauna locale, delle storie, delle tradizioni locali e dalla conoscenza delle identità locali. Un aspetto da non trascurare è quello di inserire, all'interno della escursione naturalistica, momenti formativi esperienziali come potrebbe essere la raccolta di verdure spontanee (senape, cicoria, finocchietto selvatico, ecc.) accompagnate dalla spiegazione che permette di riconoscerle e altri aspetti che descrivono come possano essere legati alle tradizioni, eventualmente gastronomiche locali.

L'"apprendimento esperienziale" veniva indicato come particolarmente importante sia da Liberty Hyde Bailey sia da Charles Matthias Goethe ma dal momento che l'Interpretazione è intesa come attività educativa, anche da Freeman Tilden.

Ricordiamo che l'apprendimento esperienziale è un modello di apprendimento basato sull'esperienza diretta, studiato da due grandi pedagogisti come John Dewey (1859-1952) e Jean Piaget (1896-1980) e dallo psicologo Kurt Zadek Lewin (1890-1947), ma che si è diffuso grazie a David Kolb (1939) che, sulla base degli studi precedenti, ha sviluppato la "teoria dell'apprendimento esperienziale".

Questo principio, facile per un percorso di esperienza diretta, è effettivamente difficile applicarlo anche ai semplici servizi interpretativi (interpretazione mediata) in cui il processo comunicativo ed educativo avviene in assenza dell'Interprete. In questi casi è necessario affidarsi all'ingegnosità e alla creatività dell'interprete (in questo caso visto come progettista del servizio interpretativo), all'uso della tecnologia multimediale e della realtà aumentata per il compito di trovare soluzioni adeguate per implementare una forma di apprendimento esperienziale anche in assenza fisica dell'Interprete.

7. Approccio tematico

Ogni percorso esperienziale/interpretativo dovrà essere costruito a partire da un tema che lo caratterizza e che costituirà la base di partenza dell'esperienza, esso è il filo conduttore che permettere di individuare, il luogo, la trama e gli elementi scenografici più adatti per rendere l'esperienza reale. Il tema, opportunamente sintetizzato sotto forma di titolo del percorso di esperienza, è il primo elemento attrattivo che dovrà essere comunicato ai potenziali fruitori del percorso di esperienza. E' estremamente importante, in particolare per i percorsi esperienziali culturali, che il tema sia scelto in armonia con i luoghi individuati ed il territorio di appartenenza.

L'approccio tematico è utilizzato ampiamente nel settore delle esperienze, non a caso è uno dei principali elementi della messa in scena delle esperienze (Il Teatro come modello dell'esperienza).

Per i percorsi di interpretazione il tema ha l'importante compito di aiutare gli interpreti a organizzare il proprio racconto in modo da renderlo facilmente comprensibile e rendere efficace il percorso interpretativo. Il tema è in effetti l'aspetto dell'esperienza di interpretazione che i visitatori ricorderanno più a lungo.

Nei capitoli precedenti abbiamo visto come tale approccio sia stato messo in evidenza da William J. Lewis, ripreso e approfondito da Sam Ham nel suo modello T.O.R.E (precedentemente da lui chiamato modello E.R.O.T) e da Veverka[20].

Il tema dovrebbe[21]:

- Essere espresso come una frase breve, semplice e di senso compiuto.
- Contenere solo un'idea principale, se possibile.
- Rivelare lo scopo generale del sito, struttura, agenzia, programma, centro visitatori, ecc.
- Specifico.
- Essere formulato in modo interessante e motivazionale quando possibile.

Come ricordano Sam Ham, Veverka e il documento del National Park Service U.S[22], non bisogna confondere il tema con gli argomenti (Topics). Di seguito una tabella che evidenzia le differenze tra tema e argomento.

---

[20] John A Veverka: Interpretive Master Planning Volume Two: Selected Essays Philosophy, Theory and Practice - Capitolo 3: Creating Interpretive Themes e Capitolo 13: Using Interpretive Themes and Objectives Will Make Your Program Planning Easier and More Effective.

[21] John A Veverka: Interpretive Master Planning Volume Two: Selected Essays Philosophy, Theory and Practice – Pag. 29

[22] Foundations of Interpretation Competency Narrative. Pag 38

Examples of interpretive themes:

Topics (but Not Interpretive Themes)	Interpretive Themes
The power of water.	The power of water to carve, smooth, and continuously reshape this landscape provides opportunities for us to marvel at how a seemingly simple liquid can play such a profound role in every landscape on the planet.
Antietam was the bloodiest battle of the Civil War.	The Battle of Antietam was a pivot point in the American Civil War, halting the southern advance and making way for the Emancipation Proclamation — the moral, social, and economic legacies of which continue to profoundly influence the lives of contemporary Americans.
Lincoln's boyhood.	The values and life lessons that Lincoln learned here as a boy helped mold him into the man who would become President and typify the enduring connections that we all share in our progression from youth to maturity.
Fire in nature.	Fire is a natural process that creates life out of death and provides insight into tangible and intangible loss and renewal.

Fonte: Foundations of Interpretation Competency Narrative. Pag. 38

Ricordate sempre ciò che scrisse Freeman Tilden, nel capitolo "La Storia è tutto" del libro Interpretare il nostro patrimonio, afferma:

"… dare forma e una vita al proprio materiale per raccontare una storia, piuttosto che recitare un inventario"

Ed il tema è proprio lo strumento che permette di "dare forma e vita" al percorso interpretativo.

8. Approccio estetico

L'approccio estetico è uno degli elementi, assieme a quello della partecipazione diretta, alla base del concetto di "immersione".

Nei percorsi di interpretazione che vedono i visitatori a contatto diretto con la natura, o altri aspetti del patrimonio culturale quali, ad esempio, antichi borghi, monumenti storico-artistici, gallerie d'arte e musei (se non degradati ed in condizioni "inguardabili"), l'estetica del percorso interpretativo può costituire un elemento del tutto naturale, negli altri casi può essere "artificiale" nel senso che è la conseguenza di una attenta progettazione dei vari aspetti che possano influire sull'estetica: l'atmosfera, il senso del bello, il luogo ed il tema scelti per l'esperienza, la trama (sceneggiatura) che deve essere coerente con il luogo ed il tema scelto.

Particolare cura dovrà essere posta nel favorire gli stimoli sensoriali che armonizzano l'esperienza ed eliminando il più possibile gli indizi negativi che potrebbero disturbare il percorso interpretativo.

Se gli aspetti estetici giocano un ruolo fondamentale nella comunicazione interpretativa, bisogna evitare gli eccessi. In alcuni casi è utile ricordare quanto scritto da Blaise Pascal, citato da Freeman Tilden:

"Troppo rumore ci assorda; troppa luce ci acceca; troppa distanza o troppa vicinanza ci impediscono di vedere; un discorso troppo lungo o troppo corto lo rendono oscuro; troppa verità ci sconcerta"[23]

o semplicemente l'antico detto nostrano:

Il troppo stroppia (o storpia)

---

[23] Freeman Tilden – Interpretare il nostro Patrimonio capitolo 10 "niente in eccesso"

Tilden scrive che tra gli innumerevoli aspetti della bellezza, l'interprete sostanzialmente si occupa dei seguenti quattro[24]:

1. Il contatto attraverso i sensi del visitatore con la bellezza dei panorami e dei paesaggi – con "selvaticità": e assiomatico che la bellezza naturale, percepita attraverso i sensi, non abbia bisogno di interpretazione: si interpreta da sola.

2. La bellezza dell'avventura della mente: la rivelazione dell'ordine della natura.

3. La bellezza del manufatto: l'aspirazione dell'uomo a creare le cose belle.

4. La bellezza della condotta o del comportamento di cui l'uomo si è dimostrato capace.

---

[24] Freeman Tilden – Interpretare il nostro Patrimonio capitolo 15 "Visioni di bellezza"

9. Intrattenimento

Il percorso esperienziale/interpretativo dovrebbe anche prevedere dei momenti di intrattenimento che arricchiscono e nello stesso tempo "alleggeriscono" e rendono piacevole l'intero percorso con dei momenti di puro assorbimento. Non bisogna dimenticare che i fruitori di una offerta esperienziale scelgono l'esperienza soprattutto per appagare il loro desiderio del piacere in quanto tale e non necessariamente per l'aspetto educativo che comunque non va mai dimenticato da chi progetta e fornisce l'offerta esperienziale/interpretativa.

Un percorso esperienziale/interpretativo ben progettato dovrebbe includere dei momenti di intrattenimento che oltre a rendere piacevole l'esperienza, facilitano la trasmissione del messaggio principale associato al percorso di interpretazione del patrimonio culturale interessato dalla esperienza.

Tilden usa il termine "animazione" e nel capitolo intitolato "Portare il passato nel presente" del suo libro *Interpretare il nostro patrimonio*[25] nel raccontare di una sua visita all'Airlington House già nota come la Custis Lee Mansion, una magione di stile neogreco che sorge presso Arlington, Virginia, Stati Uniti e che un tempo era la residenza principale del generale confederato Robert E. Lee, scrive:

"Entrando sentii che qualcuno stava suonando il piano, e sembrava così naturale che qualcuno suonasse il piano in quella casa, o in qualsiasi altra dimora storica in cui avessero vissuto delle persone! ….
… ho sentito la casa come se fosse popolata non dai visitatori come me, ma da coloro che avevano vissuto proprio lì, gli uomini e le donne che amavano questo posto perché, per loro, significava casa. In salotto una ragazza attraente, vestita con costume del 1860, stava suonando le stesse melodie in voga all'epoca, e avrebbe potuto essere una vicina di casa di Miss Mary Custis".

---

[25] Freeman Tilden – Interpretare il nostro Patrimonio capitolo 9 "Portare il passato nel presente"

10. Immersione

Il principio di immersione è in realtà, come già indicato, la diretta conseguenza dell'applicazione dei principi di partecipazione diretta e di approccio estetico. Tecniche immersive possono essere implementate al fine di creare un ambiente scenico che vede i partecipanti immersi in un contesto multisensoriale.

Guardate l'immagine seguente relativa al modello di Pine e Gilmore (l'abbiamo già vista ricordate?) La seconda dimensione (lungo l'asse verticale) descrive il tipo di connessione o rapporto ambientale che unisce i partecipanti con l'evento o la performance, rappresentato. Si parte dall'Assorbimento, dove l'esperienza "penetra" nella persona attraverso la mente (es. quando si guarda un film alla TV) fino ad arrivare alla Immersione, dove la persona "entra dentro" l'esperienza prendendo fisicamente o virtualmente parte all'esperienza stessa.

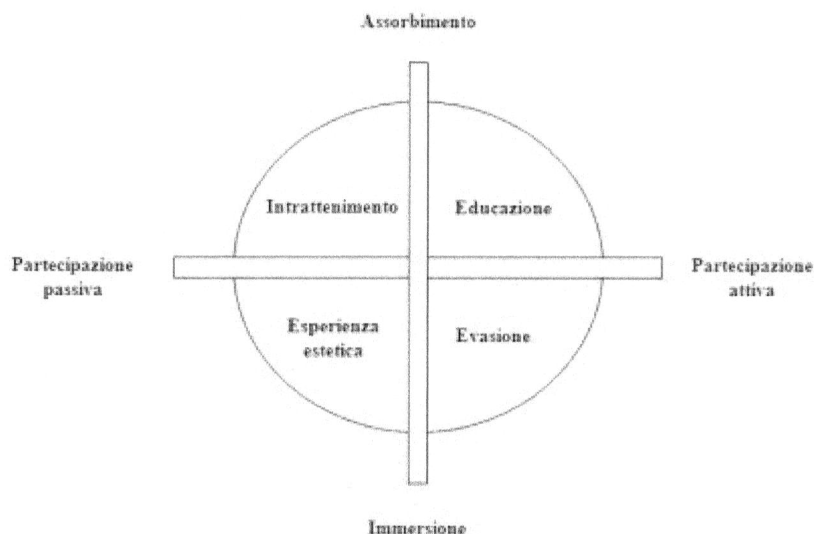

Così come per l'approccio estetico, alcuni percorsi di interpretazione sono immersivi per la loro stessa natura. E' il caso di esperienze che vedono i visitatori a contatto diretto con la natura, o altri aspetti del patrimonio culturale. In questo caso il principio è applicato per il semplice fatto che i visitatori sono immersi nell'ambiente circostante, soprattutto se sono attori partecipanti in modo attivo alla esperienza.

La progettazione di un percorso di interpretazione, deve quindi prevedere attività di tipo immersivo che coinvolgono direttamente il partecipante in attività multisensoriali e che lo vedono coinvolto non solo dal punto di vista manuale e tattile ma anche intellettuale ed emotivo.

Nei servizi di interpretazione, almeno nei casi in cui si realizzano eventi espositivi è possibile, combinando una adeguata progettazione scenica che tenga conto del principio estetico, utilizzando, se necessario, adeguate tecniche immersive, eventualmente puntando sulla tecnologia multimediale, in modo da creare una adeguata atmosfera che favorisce il principio stesso di immersione.

L'atmosfera nel suo complesso, vista come componente estetica dell'ambiente, i suoni, gli odori, le forme degli oggetti, degli stessi strumenti comunicativi e espositivi e se vogliamo, perfino la morbidezza della sedia su cui siamo seduti, influenza positivamente (se adeguata e coerente con il contesto) l'interpretazione e contribuirà a mantenere vivo il ricordo dell'esperienza vissuta.

Dalla Rete:

GENIUS Da Vinci Immersive Experience

https://youtu.be/zdcb-4MNJRo

11. Rivelazione (comunicazione ermeneutica)

Permettetemi di partire da alcuni concetti base sul significato di ermeneutica.

Ermeneutica (Arte dell'Interpretazione)

Il termine deriva dal greco *hermeneia* deriva dal sostantivo greco hermeneia, a cui viene designato il significato di interpretazione ma anche di spiegazione, dichiarazione, traduzione, espressione del pensiero ed elocuzione. In latino sarà poi tradotto come interpretatio[26]

In ambito filosofico l'ermeneutica è Arte, tecnica e attività di interpretare il senso di testi antichi, leggi, documenti storici e simili. (Treccani)

L'ermeneutica è quindi vista come arte (o scienza) dell'interpretazione. Interpretare qualcosa, ha come obbiettivo, in ultima analisi, conoscerne il significato, nel suo senso più profondo.

L'ermeneutica è usata in svariati ambiti tra questi: filosofico, religioso, letterario, artistico e pedagogico (pedagogia ermeneutica)

Interpretazione ed Ermeneutica

L'interpretazione è un processo comunicativo di tipo ermeneutico (arte o disciplina che sia), che mira a rivelare il significato più profondo delle cose. La rivelazione avviene attraverso la trasformazione dell'esperienza.

Un interessante studio che mette in risalto l'approccio educativo in ambito pedagogico è quello di Riccardo Pagano che ha pubblicato nel 2018 il libro "Educazione e Interpretazione"

Pagano indica come differenza sostanziale tra sapere ermeneutico e sapere scientifico il fatto che il primo, a differenza del secondo è un sapere extrametodico.

"E se di un sapere metodico si può ricostruire ogni passaggio, di quello extramedodico non tutto e ricostruibile, perché tocca aspetti dell'umano come la sensibilità, la linguistica, l'estetica... difficilmente perimetrabili e osservabili"[27]

---

[26] Franco Bianco: Introduzione all'ermeneutica - Laterza 1998

[27] Riccardo Pagano: Educazione ed Interpretazione – Profili e categorie di una pedagogia ermeneutica. Brescia – 2018 pag. 15.

Pagano riferendosi agli studi di metà del Novecento di Heidegger e Gadamer, scrive:

"L'interpretazione, quindi non è una delle procedure metodologiche delle scienze dello spirito, ma è il modo costruttivo di essere dell'uomo del mondo. L'interpretazione acquista così una valenza ontologica perché non è finalizzata solo alla conoscenza e alla comprensione, ma svela l'essere stesso dell'uomo"[28].

Tilden, attraverso i suoi scritti, mette in stretta relazione i concetti di interpretazione e di ermeneutica.

Ecco cosa scrive Tilden[29]

"Ogni vero interprete, oltre ad essere preparato sulle informazioni e diligente nell'uso della ricerca, saprà spingersi oltre l'apparenza verso la vera essenza, oltre il particolare verso la visione d'insieme, oltre una verità verso una verità più ampia"

"L'interprete deve rivelare al pubblico una verità più profonda che si cela dietro l'esposizione dei fatti"

"L'interpretazione deve saper sfruttare la pura curiosità per portare all'arricchimenti della mente e dello spirito"

Molti altri autori puntano sul concetto di rivelazione, il secondo principio dei quindici esposti da Larry Beck/Ted T. Cable è certamente legato al concetto di rivelazione:

"Lo scopo dell'interpretazione va oltre il fornire informazioni per rivelare (reveal) un significato e una verità più profondi."

In realtà una lettura attenta del terzo principio di Larry Beck/Ted T. Cable porta a pensare che anch'esso si avvicini al concetto di rivelazione:

*"La presentazione interpretativa – come opera d'arte – dovrebbe essere concepita come una storia (story) che informa, diverte e **illumina**."*

---

[28] Riccardo Pagano: Educazione ed Interpretazione – Profili e categorie di una pedagogia ermeneutica. Brescia – 2018 pag. 16.
[29] Freeman Tilden: Interpretare il nostro patrimonio p. 29

Vi ho già descritto i Tilden s Tips di Veverka, e se ricordate, il terzo, riguarda proprio il concetto stesso di rivelazione. Vi invito a rivedere l'esempio di scrittura interpretativa riportato da Veverka dove si evidenzi un modo di esprimere il concetto di *rivelazione* all'interno di un racconto.

A proposito degli ambiti di una esperienza, potremmo completare la seguente frase di Pine e Gilmore:

"Partecipando a un'esperienza **estetica** gli ospiti vorranno **essere lì,** a un'esperienza di **intrattenimento** vorranno **guardare**, a un'esperienza **d'evasione** vorranno **provare**, a un'esperienza **educativa** vorranno **imparare**."

aggiungendo la seguente frase:

Partecipando ad un'esperienza di **interpretazione** gli ospiti vorranno **scoprire**

12. Provocazione (comunicazione basata sulla provocazione)

Il processo comunicativo che permette all'interprete di svelare (non insegnare) e al partecipante del percorso di esperienza di scoprire (non imparare) avviene grazie alla provocazione, da parte dell'interprete, della curiosità e del coinvolgimento dei partecipanti.

Il termine "provocazione" va inteso, ovviamente, in termini positivi, si riferisce al fatto che l'interprete deve essere capace di provocare l'interesse del partecipante al percorso di interpretazione, attraverso domande o affermazioni provocatorie.

Il quarto principio di Tilden afferma chiaramente che lo scopo principale dell'interpretazione non è istruire ma provocare. Emblematica la seguente frase di Tilden:

"Purtroppo, mi è capitato troppe volte, da partecipante a questi gruppi, di vedere il mio entusiasmo frustrato dall'incontro con un interlocutore che ha scambiato il dare informazioni per interpretazione, diventando un triste istruttore invece di una guida appassionante"[30]

Tilden rimarca l'importanza di allargare il più possibile il campo di osservazione e pensiero del partecipante in modo da raggiungere, ciò che affermava lo scrittore, poeta e insegnante Henry van Dyke:

"l'elevazione alla gioia per mezzo dello stupore"[31]

Questo principio coincide con il quarto principio di Larry Beck e a Ted T. Cable ed il primo dei Tilden's Tips di Veverka.

Nel paragrafo precedente vi ho invitato a rivedere l'esempio di scrittura interpretativa riportato da Veverka e se lo avete fatto (spero di si), noterete che l'esempio riportato riguarda anche il concetto di *provocazione*.

---

[30] Freeman Tilden: Interpretare il nostro patrimonio p. 73
[31] Freeman Tilden: Interpretare il nostro patrimonio p. 73

13. Approccio sistemico (visione olistica)

Il termine olismo deriva dal greco **"olos" che significa "tutto, intero, totale"**. La visione olistica esprime il concetto secondo cui il tutto è più della somma delle parti di cui è composto e quindi l'uomo e il contesto attorno a lui devono essere visti nel loro insieme e non separatamente. Un percorso di esperienza di interpretazione in chiave olistica dovrebbe tener contro di tutti gli aspetti, delle relazioni e dei legami tra i partecipanti, il bene (o fenomeno) interpretato ed il contesto in cui si si vengono a trovare i tre elementi alla base dell'interpretazione: l'interprete, il bene (o fenomeno) e il partecipante.

Questo principio corrisponde al quinto principio di Tilden: "il tutto anziché una parte" (ricompreso a sua volta nel quinto principio Larry Beck e a Ted T. Cable e nel quarto Tilden's Tips).

E' opportuno chiarire che "Il tutto" va inteso sia al bene da interpretare sia al partecipante stesso (the whole man).

Nel primo caso, quando il tutto (the whole) si riferisce al bene da interpretare, si traduce nel fatto che l'interpretazione deve puntare a fornire non singole informazioni slegate tra di loro ma fornire una visione di insieme del bene interpretato.

"è molto meglio che il visitatore di un'area protetta, naturale, storica o preistorica, vada via con una o più immagini complete nella sua mente, che con una serie di informazioni slegate fra loro che non gli permettono di comprendere l'assenza del luogo e il perché il sito venga protetto"[32]

Nel secondo caso, quando il tutto è riferito al partecipante stesso (the whole man), l'interpretazione si traduce nel fatto che l'interprete, in qualunque posto eserciti la sua professione, in natura, museo o sito storico, deve rivolgersi al visitatore nella sua interezza. Dovrà quindi porsi alcune domande, in particolare cosa ha spinto il partecipante ad essere lì, cercando di considerare i molteplici aspetti dell'uomo, curiosità, desideri, emozioni ed in base al tipo di bene, senso religioso, spirito d'avventura, di esplorazione e desiderio di scoprire cose nuove:

---

[32] Freeman Tilden: Interpretare il nostro patrimonio. Cap. VI "Verso un intero perfetto" pag. 78

"Quando l'obiettivo diventa l'uomo nella sua completezza, in cerca di nuove esperienze, relax, avventura, curiosità, informazione, affermazione magari è lì semplicemente su suggerimento di amici, e mille altri strani motivi, ecco che non si può sbagliare"[33]

Un esempio di come si possa considerare il tutto e non solo una parte, nell'interpretare un bene storico artistico, potrebbe essere il seguente:

Consideriamo un classico bene culturale di una cittadina barocca del sud: la Cattedrale di San Giovanni a Ragusa, un conto è raccontare il bene descrivendolo unicamente dal punto di vista architettonico, un conto e raccontare e ricordare ulteriori aspetti che mettono il bene in correlazione con la storia della città, con la paura del terremoto del 1693 che influì sul tipo di costruzione, così come la scelta del luogo fosse influenzata dallo storico antagonismo che vide contrapposti per parecchi secoli i parrocchiani della chiesa di San Giovanni ai parrocchiani di S. Giorgio, sul fatto che il progetto prevedeva due campanili e che per difficoltà economiche il secondo campanile non fu mai portato a compimento, e ancora: sulle leggende e i miti legati al luogo e alla chiesa stessa, sulle capacità delle maestranze locali di costruire un monumento così bello, sui motivi per cui il monumento ha uno stile barocco e sul riconoscimento da parte dell'Unesco che ha inserito il centro storico di Ragusa nell'elenco del Patrimonio dell'Umanità.

Inoltre, qualcosa che sicuramente colpirebbe i partecipanti, sarebbe quello di individuare un legame tra i partecipanti stessi e i luoghi visitati. Ad esempio, nel caso specifico, parlando di barocco, se si è a conoscenza che alcuni dei partecipanti provengono da Firenze, un breve accenno al barocco fiorentino o al fatto che proprio di Firenze era l'artista Santi di Tito, considerato uno dei precursori della pittura barocca italiana.

In sostanza non limitarsi a raccontare il bene, o parti del bene in quanto tale, ma raccontare la storia, le paure, i sogni e i bisogni, ed il particolare contesto storico ed economico legato alla costruzione del monumento.

---

[33] Freeman Tilden: Interpretare il nostro patrimonio. Cap. VI "Verso un intero perfetto" pag. 84

14 Approccio su misura

Questo principio corrisponde a quanto indicato nel sesto principio di Tilden, ad eccezione (come viene ricordato nel quinto principio di Larry Beck e a Ted T. Cable), del fatto che non consideriamo solo i bambini ma un target molto più ampio di fruitori finali interessati a partecipare ad un percorso di esperienza di interpretazione, per cui è opportuno tenere conto di: età, scolarizzazione, contesto sociale di appartenenza, sia di altre variabili quali bisogni espressi e impliciti degli stessi fruitori. Per ogni target individuato dovranno essere individuati: temi, metodi e programmi specifici. Nel secondo volume, dove presenterò un modello per la progettazione di percorsi di esperienza di interpretazione, entrerò meglio su questo aspetto (e non solo).

15 Approccio creativo

All'interno di un percorso di esperienza di interpretazione è necessario usare uno stile comunicativo che deve coinvolgere tutta la dinamica del pensiero, raccontando luoghi e fatti in modo creativo e coinvolgente e utilizzando tecniche interpretative quali lo storytelling e la scrittura creativa.

L'interpretazione non è mai uguale tra un interprete e l'altro, in quanto entrano in gioco sensibilità diverse e soggettive legate anche al fatto che ogni interprete avrà un suo livello di connessione emotiva con il fenomeno da interpretare. L'interprete, dal punto di vista pedagogico è a tutti gli effetti un educatore che usa metodi che potremmo definire extrascolastici o extra metodici dovuti proprio al fatto che utilizza un approccio ermeneutico. L'aspetto legato ai metodi extra metodologici è stato affrontato ricordando quanto scritto da Riccardo Pagano a proposito di differenza tra sapere ermeneutico e sapere scientifico nel suo libro "Educazione e Interpretazione"[34]

---

[34] Riccardo Pagano: Educazione ed Interpretazione – Profili e categorie di una pedagogia ermeneutica. Brescia – 2018 pag. 15.

16 Interpretazione fondata sui fatti

L'interpretazione deve avere all'origine fatti e luoghi concreti. L'informazione sui cui si fonda l'interpretazione deve basarsi su dati e informazioni approfondite e di qualità.

L'interprete è prima di tutto un esperto ed un profondo conoscitore del fenomeno da interpretare. L'interpretazione dovrà essere preceduta da uno studio dettagliato delle fonti e della documentazione bibliografica in modo che le informazioni alla base dell'interpretazioni siano di qualità.

L'interpretazione ha come base dati e informazioni certi e approfonditi[35]

17 Semplicità e coerenza comunicativa

Un Interprete che utilizza un linguaggio eccessivamente tecnico o lungo o non pertinente con il contesto da interpretare non favorisce l'attenzione.

Semplicità di scrittura vanno applicate anche in caso di predisposizione di pannelli, schede informative e cartelli illustrativi. A tal proposito ricordava Tilden:

"... se il visitatore non coglie al volo il senso del cartello, o dell'etichetta interpretativa, riterrà che il luogo è al di là delle sue competenze per potersi divertire"[36]

---

[35] Freeman Tilden: Interpretare il nostro patrimonio. Cap. 3 "La materia prima e i suoi frutti" pag. 51

[36] Freeman Tilden: Interpretare il nostro patrimonio. Cap. 8 "La parola scritta" pag. 107

18 Connessione emotiva (passione)

L'interprete deve amare (e far amare) l'oggetto dell'interpretazione, il risultato dell'interpretazione è fortemente correlato, oltre alla sua capacità creativa, alla passione e alla connessione emotiva che lo lega al fenomeno da interpretare.

Tilden, pur non enunciandolo tra i suoi sei principi, considera quello dell'amore per l'argomento da interpretare, il principio più importante di tutti tanto da scrivere:

"Quindi, i sei principi con cui ho iniziato questo libro potrebbero essere dopotutto (come la "scienza singola" menzionata da Socrate) un unico principio. Se così fosse, sono certo che l'unico principio debba essere l'amore." [37]

Tilden enuncia un suo assioma che è opportuno ricordare:

"Tutto ciò che è scritto senza entusiasmo verrà letto senza interesse" [38]

Il principio, se vi ricordate quanto scritto nei capitoli precedenti, coincide con il quindicesimo principio di Larry Beck e a Ted T. Cable.

Nella tabella seguente possiamo vedere la correlazione esistente tra i principi da me rivisitati, i principi dei percorsi esperienziali sempre da me proposti, i Principi di Tilden, quelli di Larry Beck e Ted T. Cable e i Tilden's Tips di Reverka.

Il Principio 3 di Tilden, in realtà rientrerebbe nell'approccio ermeneutico. Infatti, il fatto che l'interpretazione è un tipi di Arte è una mera constatazione di fatto legato al concetto stesso di ermeneutica.

---

[37] Freeman Tilden: Interpretare il nostro patrimonio. Cap. 12 "L'ingrediente inestimabile" pag. 161
[38] Freeman Tilden: Interpretare il nostro patrimonio. Cap. 8 "La parola scritta" pag. 108

Interpretazione	Esperienze	Tilden	Larry Beck/Ted T. Cable	Reverka
1 Approccio multisensoriale	1			
2 Approccio culturale (Identità locali)	2			
3 Unicità dell'esperienza	3			
4 Approccio relazionale (centralità e unicità delle persone)	4	1	1,5	2
5 Partecipazione diretta	5	1		
6 Apprendimento esperienziale (processo educativo)	6			
7 Approccio tematico	7		5	4
8 Approccio estetico	8		13	
9 Intrattenimento	9			
10 Immersione	10			

Interpretazione	Esperienze	Tilden	Larry Beck/Ted T. Cable	Reverka
11 Rivelazione (comunicazione ermeneutica)		2	2,3	3
12 Provocazione		4	4	1
13 Approccio sistemico		5	5	4
14 Approccio su misura		6	5	
15 Approccio creativo		3	7	
16 Interpretazione fondata sui fatti		2	9,10	
17 Semplicità e coerenza comunicativa				
18 Connessione emotiva (passione)		1,2,3,4,5,6	15	

3.2 Definizioni di Interpretazione

E' vero, di norma inizio i miei lavori partendo dalle definizioni, questa volta ho aspettato di chiarire I principi alla base dei percorsi esperienziali di interpretazione ed il motive tutto sommato è semplice: solo dopo aver compreso i concetti base potranno essere chiari alcuni termini usati all'interne delle varie definizioni.

Ecco perché ripropongo (o, in alcuni casi, propongo per la prima volta) alcune definizioni.

Ho volute mettere in neretto le parti su cui consiglio di riflettere un attimo prima di andare avanti.

Interpretazione

*"Attività **educativa** che aspira a **rivelare significati e relazioni** attraverso l'utilizzo di oggetti originali, **esperienze** da vivere in **prima persona** e mezzi esemplificativi, piuttosto che la **mera trasmissione di fatti**"*[39] (Freeman Tilden - 1957)

*"L'interpretazione è **l'arte di spiegare** il ruolo degli esseri umani **nel loro ambiente** al fine di aumentare la **consapevolezza** delle persone sull'importanza di questa **interazione** e **risvegliare** in loro il desiderio di contribuire alla **conservazione dell'ambiente**"*[40] (Don Aldridge- 1975)

*"Interpretazione è un **processo di comunicazione**, progettato per **rivelare i significati e le relazioni** del nostro patrimonio culturale e naturale, attraverso il coinvolgimento con gli oggetti, i manufatti, i paesaggi e i siti"*[41] (l'Association Interpretation Canada - 1976)

*L'interpretazione ha quattro caratteristiche che la rendono una disciplina speciale: è una comunicazione **piacevole**, offre **informazioni concise**, viene svolta **alla presenza** dell'oggetto della comunicazione stessa e il suo scopo è quello di **rivelare un significato***[42] (Yorke Edwards (1984)

---

[39] Freeman Tilden: Interpretare il nostro patrimonio – Edizione italiana del 2019 – Libreria Geografica p. 29
[40] HERCULTOUR Heritage Interpretation Training Manual. Pag. 6
[41] https://www.heritagedestination.com/hdc-training---what-is-heritage-interpretation/
[42] ARPA SICILIA: Linee Guida per l'interpretazione ambientale delle Aree Protette pag. 56

L'interpretazione è un approccio alla **comunicazione**. *È distinta dalle altre forme di trasferimento di informazioni in quanto è* **piacevole, rilevante, organizzata e tematica** (Sam Ham - 1992)

"L'interpretazione **non è informazione**. *Non è un centro visitatori, un'insegna, un opuscolo o l'indicazione delle attrazioni che vengono visualizzate. Non è una presentazione o un gioco di ruolo. Queste sono semplicemente tecniche con cui l'interpretazione può essere fornita. L'interpretazione* **va oltre** *il concentrarsi sul più antico, il più grande o il più raro... Lascia le persone commosse, le loro supposizioni messe in discussione e il loro interesse per l'apprendimento* **stimolato**. **Si pensa ancora** *a una buona interpretazione a colazione la mattina successiva, o a tavola la settimana successiva. Se correttamente fornita, l'interpretazione non solo arricchisce un'esperienza turistica, ma* **fornisce le basi per ricordarla e riviverla...".**[43] (Simon McArthur - 1998)

Processo di **comunicazione** *che* **forgia connessioni emotive e intellettuali** *tra gli interessi del pubblico e i significati insiti nella risorsa"* (National Association for Interpretation - NAI) – 2002)

E voi pensate che dopo tutta questa bella serie di definizioni debba mancare la mia? Ma certo che no.

Interpretazione

Esperienza culturale, ermeneutica e **sistemica** che mira a **rivelare il significato più profondo delle cose** oggetto di interpretazione (Ignazio Caloggero 2022)

---

[43] HERCULTOUR Heritage Interpretation Training Manual. Pag. 10

Gli ambiti dell'Interpretazione

La differenza tra le varie forme di Interpretazione del Patrimonio Culturale è legata esclusivamente al grado di specializzazione settoriale e agli strumenti utilizzati durante l'intero percorso di interpretazione, in quanto in quanto ogni Interprete deve comunque avere una robusta conoscenza e competenze in tutti i settori. Pertanto, non esisteranno distinte professionalità ma un'unica professionalità (Interprete del Patrimonio) specializzato in uno o più settori che hanno attinenza con il Patrimonio Culturale suo senso più ampio del termine. Quindi a seconda del settore di specializzazione si parlerà, ad esempio di:

- Interpretazione del Patrimonio Archeologico
- Interpretazione del Patrimonio Storico-Artistico
- Interpretazione del Patrimonio Demoetnoantropologico
- Interpretazione Ambientale o Naturalistica

3.3 Differenza tra Educazione e Interpretazione

Si è discusso molto nel passato (e anche nel periodo recente) della differenza tra educazione e interpretazione.

Il termine **"educazione"** è stato spesso usato nel senso più stretto del termine, indicando un'attività educativa dove a prevalere è l'approccio didattico/divulgativo destinato prevalentemente ad un pubblico scolastico (istruzione scolastica) o comunque ad un pubblico il cui obiettivo primario è l'aspetto formativo/educativo.

Il termine **"interpretazione"** è un'attività educativa intesa nel suo senso più ampio dove a prevalere è l'approccio interpretativo (comunicazione ermeneutica) destinato prevalentemente ad un pubblico che volontariamente, spesso per il piacere di scoprire nuovi aspetti della vita e/o per divertimento, partecipa ai percorsi di interpretazione.

In sostanza, sia che prevalga l'approccio didattico/divulgativo (educazione nel suo senso più stretto) sia che prevalga l'approccio interpretativo (educazione nel suo senso più ampio), l'attività è sempre di tipo **"educativa"**.

La parola "educazione" ha fatto sì che si sia generata una certa confusione di ruoli tra l'educatore che opera nell'abito della formazione formale (con forte impronta oggettiva e utilizzo di metodi scolastici) e l'educatore/interprete che opera in ambito non formale (con forte impronta soggettiva e utilizzo di metodi exra-scolastici).

Personalmente preferirei un termine diverso da "educatore", magari "formatore" o qualcos'altro, purché diverso da "educatore". Sarebbe un utile contributo per evitare anche la confusione con la figura di Educatore Professionale in genere associata alle seguenti professioni **non** rientranti tra le figure disciplinati dalla Legge 4/2013:

- Educatore professionale socio pedagogico (professionista dell'area pedagogica)
- Educatore professionale sociosanitario (professionista dell'area sanitaria)

4. Qualità Esperienziale e Interpretativa

4.1 Il Concetto di Qualità

Definizione di Qualità

L'origine della saggezza è la definizione dei termini

(Socrate)

La norma ISO 9000: 2005 (Fondamenti e vocabolario) fornisce la seguente definizione:

Qualità: Capacità di un insieme di caratteristiche inerenti ad un prodotto, sistema, o processo di ottemperare a requisiti di clienti e di altre parti interessate.

La definizione è stata rivista con la nuova revisione della **UNI EN ISO 9000:2015**

Qualità: Grado in cui un insieme di caratteristiche intrinseche di un oggetto soddisfa i requisiti

Questa ultima definizione si avvicina maggiormente alla definizione da me utilizzata sin dal 2013:

Qualità

*Capacità di un insieme di caratteristiche inerenti un'**entità** di confermare le **aspettative** ad essa riferibili da tutte le **parti interessate***

Esiste la necessità di individuare, per ogni settore, gli elementi alla base del concetto di qualità:

- **l'entità cui va applicata la qualità:** Prodotto specifico, sistema, servizio, attività, organizzazione o una qualsiasi combinazioni delle precedenti (nel nostro caso potremmo anche parlare di percorsi esperienziali, percorsi di interpretazione, allestimenti, cartellonistica, opuscoli informativi, servizi di interpretazione, ecc.;)

- **aspettative (bisogni):** È ciò che si aspettano le parti interessate, nel caso dei percorsi di interpretazione, semplificando e restringendo il cerchio possiamo pensare ai partecipanti al percorso di interpretazione e alle modalità con cui con cui questo viene offerto.

- **parti interessate (chi esprime le aspettative o i bisogni) in funzione dell'entità:** Che a seconda i casi si può chiamare cliente, utente, turista, fruitore del bene o servizio culturale, allievo, ospite, partecipante, cittadino, autorità di tutela e gestione ambientale o addirittura la comunità stessa.

Rafforziamo la definizione appena data affermando che qualità significa anche capacità di raggiungere gli obiettivi stabiliti (**efficacia**), ma nel fare questo non bisogna dimenticare di farlo nel miglior modo possibile; infatti, quando le risorse umane, materiali e finanziarie disponibili scarseggiano è di vitale importanza ottimizzare ciò che si ha a disposizione (**efficienza**).

Parlando di parti interessate, non dobbiamo dimenticare che spesso ci riferiamo ai beni culturali e quindi al patrimonio culturale che è del paese intero; in realtà una analisi approfondita dovrebbe farci capire che i soggetti interessati al bene culturale non siamo solo noi ma anche i posteri. Ho già avuto modo di scrivere a tal proposito che noi possiamo parlare di promuovere e rivalutare i *nostri* beni culturali, possiamo affermare il nostro diritto di usufruire dell'immenso patrimonio culturale che ci circonda, ma questo non dovrebbe mai farci dimenticare il dovere di mantenerlo integro per i posteri.

Nei primi anni Novanta, quando iniziai il mio percorso di promozione del patrimonio culturale siciliano ebbi modo di dire:

Dobbiamo, rispettando il presente, essere dalla parte del futuro, in quanto noi saremo ciò che lui troverà.

Le aspettative (bisogni)

È ciò che si aspettano le parti interessate.

Le Aspettative (bisogni) possono essere:

- esplicite,

- implicite

- cogenti

Aspettative esplicite

Le più semplici da individuare, se l'offerta esperienziale/interpretativa è stata comunicata in modo corretto ed esaustivo è quello che l'utente espliciterà in sede di eventuale prenotazione

- la richiesta di una prenotazione di una offerta può essere indicata esplicitamente in forma documentale sotto forma di ordine, eventualmente online, ma laddove è ammissibile, anche verbalmente;

- la richiesta di una prestazione sanitaria (es. analisi) può essere indicata esplicitamente in forma documentale nella prescrizione medica, ma laddove è ammissibile, anche verbalmente;

- la richiesta di una pizza margherita in pizzeria è esplicita da parte del cliente.

- La richiesta di progettazione di un percorso educativo su contenuti e obiettivi esplicitamente indicati dal committente è di tipo esplicito

Aspettative implicite

Le aspettative implicite sono quelle che difficilmente saranno esplicitate anche se costituiscono le basi della stessa offerta.

Il partecipante ad un percorso esperienziale/interpretativo probabilmente non dichiarerà esplicitamente ma in funzione del tipo di evento, potranno fa parte delle sue aspettative alcuni dei seguenti aspetti:

- esperienza memorabile
- cortesia
- accoglienza
- rispetto dei contenuti del servizio promesso
- rispetto dei tempi prestabiliti
- difficoltà delle attività costituenti l'esperienza che siano compatibili con le proprie capacità psico-fisico
- acquisire nuove conoscenze
- scoprire nuovi aspetti della vita e del territorio
- coinvolgimento
- evasione
- bisogni estetici (estetica ed autorealizzazione)[44]
- Nel richiedere una prestazione sanitaria che comporta, ad esempio il prelievo del sangue è implicito che questa avvenga senza dolori o conseguenze spiacevoli;
- Nel richiedere una prenotazione alberghiera è generalmente implicito il servizio di pulizia della camera;
- Nel richiedere la pizza margherita è di norma implicito che non venga bruciacchiata.

---

[44] A proposito del bisogno di autorealizzazione si veda la scala dei bisogni di Abraham H. Maslow

Aspettative cogenti (obbligatorie)

Ci riferiamo al rispetto di norme e leggi in vigore o di altre norme tecniche possibilmente non conosciute al fruitore del servizio:

- normativa sulla privacy
- normativa sulla sicurezza
- normativa sull'igiene degli alimenti (HACCP)
- diritti del turista
- normative sulle informative da fornire per i prodotti o i servizi usati a supporto del servizio offerto
- ecc.

Ad esempio:

- La richiesta di una prestazione sanitaria implica il rispetto di norme e leggi come il rispetto della legge sulla privacy o di altre norme possibilmente non conosciute al cliente/utente/partecipante;
- La preparazione della pizza richiesta dal cliente implica il rispetto di norme quali la sicurezza alimentare (HACCP) o l'utilizzo di prodotto permessi dalla normativa
- Che l'equipaggiamento messo a disposizione e le modalità di fruizione del percorso escursionistico rispettino la normativa di sicurezza prevista

4.2 Fattori e Indicatori della Qualità

I Fattori della Qualità

Definita cosa sia la qualità bisogna misurarla ma per fare questo bisogna necessariamente dotarsi di un opportuno sistema di rilevazione della qualità.

Ma un sistema per la misurazione della qualità nei settori che sono di nostro interesse che sia efficace e aderente alla realtà operativa, dovrà tenere conto di parecchi fattori che dovranno sistematicamente essere individuati.

Ecco, quindi, la necessità di individuare oltre all'**entità** a cui va applicato il concetto di qualità e le **parti interessate** (chi esprime le aspettative o i bisogni in funzione dell'entità) anche i **fattori di qualità.**

I fattori della qualità dovranno essere poi trasformati in indicatori misurabili per poter effettuare dei confronti. È attraverso l'applicazione di questi fattori che si dà conferma alle aspettative delle varie parti interessate.

Un sistema per la misurazione della qualità nel settore esperienziale/interpretativo dovrà tenere conto di parecchi fattori, alcuni strettamente dipendenti dal tipo di attività, altri fattori sono comunque comuni a più tipologie di attività.

In alcuni casi al posto di "fattori" viene usato il termine **"dimensione"**

Qualche anno fa, in un mio lavoro[45], prendendo spunto dai fattori di qualità proposti da Zeithamal, Parassuraman e Berry (1991), integrata con alcuni fattori consigliati dalle linee guida CiVIT 88/2010 e 3/2012 e da altri da me ipotizzati, proposi una classificazione di fattori e indicatori della qualità. Nello stesso lavoro proposi anche il modello (Tecnica dei sei passi) per l'individuazione dei fattori e degli indicatori di qualità che si adattava bene ai servizi turistici.

---

[45] Ignazio Caloggero - Qualità, Modelli Operativi e Competitività dell'Offerta Turistica. ISBN: 9788894321906 – 2017.

"Tecnica dei sei passi"[46]

- Passo primo: Individuazione delle Entità coinvolte

- Passo secondo: Individuazione delle parti interessate

- Passo terzo: Individuazione dei processi (Mappa dei Processi)

- Passo quarto: individuazione dei fattori di qualità (dimensioni)

- Passo quinto: passaggio dai fattori agli indicatori di qualità

- Passo sesto: Individuazione degli standard di qualità

I risultati dello studio di allora, li ho tradotti in una serie di articoli e schede di approfondimento all'interno del progetto "Qualità in ambito Turistico, Artistico e dello Spettacolo – Tourism, Arts and Entertainment Quality Improvement (TAEQI)" a disposizione della collettività all'indirizzo di seguito indicato e a cui rimando per i dettagli dal momento che in questa sede mi limiterò a trattare solo gli elementi di particolare interesse per gli aspetti esperienziali e interpretativi:

Link al progetto TAEQI:

https://www.aiptoc.it/tourism-art-and-entertainment-quality-improvement-taeqi/

Il link è rappresentato anche dal seguente QR-code:

---

[46] La tecnica dei sei passi prende spunto dalla delibera CiVIT n. 88/2010 e da alcuni principi indicati dallo schema generale di riferimento della carta dei servizi pubblici sanitari (D.P.C.M. 19 maggio 1995). Ho adattato la metodologia proposta al caso delle offerte culturali e dei servizi turistici in genere.

Uno dei passi che si rende necessario per l'individuazione dei fattori e degli indicatori è la cosiddetta "mappatura dei processi". Tale fase corrisponde sostanzialmente ad individuare e definire i **momenti salienti** del flusso delle attività (e quindi dei servizi erogati) che incidono sulla qualità globale del percorso esperienziale/interpretativo.

Per descrivere questi momenti viene spesso usata la frase "**momenti dell'esperienza dell'utente**" il significato dato alla parola "esperienza" è in questi casi molto più ampio del concetto di esperienza che invece viene attribuito quando si parla di percorsi esperienziali. In quanto non si tratta di individuare solo "i momenti esperienziali" ma tutti i momenti e quindi i relativi processi che coinvolgono i partecipanti, in quanto, anche se apparentemente non legati alla fruizione diretta da parte del partecipante, possono inficiare il servizio (esperienza) finale.

Questo si ottiene ripercorrendo "l'esperienza" dell'utente (nel suo senso più ampio) e analizzando tutti i momenti del suo percorso della sua permanenza nel luogo (e le strutture coinvolte) o del suo contatto con gli erogatori del percorso esperienziale/interpretativo

Senza scendere nei dettagli della tecnica dei sei passi (vi ho dato il link per cui pazienza, approfondite voi l'argomento n modo autonomo), ecco che un elenco di Fattori di Qualità **esemplificativo e non esaustivo** di fattori particolarmente significativi, legati ad un percorso esperienziale/interpretativo, potrebbe essere il seguente[47]:

FB Fattori Base

Qualità tecnica

- FB2: Competenza
- FB7: Affidabilità
- FB12: Sicurezza
- FB13: Infrastrutture e Attrezzature

Qualità relazionale

- FB1: Cortesia
- FB3: Empatia

---

[47] Per l'elenco aggiornato e la descrizione dei singoli fattori rimando al link fornito

- FB5: Accoglienza
- FB6: Comunicazione

Qualità organizzativa

- FB4: Flessibilità
- FB8: Trasparenza
- FB9: Tempestività
- FB10: Continuità
- FB11: Elasticità
- FB16: Accessibilità generale (siti web, presenza di strumenti di comunicazione + (orari, lontananza, trasporti, ecc)

Qualità sociale

- FB14: Tutela
- FB15: Motivazione

FA Fattori di Equità/Accessibilità in base ai bisogni

- FA1: Accessibilità motoria
- FA2: Accessibilità visiva
- FA3: Accessibilità uditiva
- FA4: Accessibilità sociale
- FA5: Accessibilità economica
- FA6: Accessibilità alimentare
- FA7: Accessibilità ambientale
- FA8: Accessibilità per animali domestici
- FA9: Accessibilità per familiari (bambini, anziani)
- FA10: Accessibilità per ulteriori bisogni speciali (es. disabilità mentali o psichiche)

FS: Fattori di Sostenibilità

- FS1: Sostenibilità Energetica
- FS2: Sostenibilità Alimentare
- FS3: Sostenibilità della Mobilità
- FS4: Sostenibilità delle Comunicazioni
- FS5: Sostenibilità degli Imballaggi
- FS6: Sostenibilità dei Rifiuti
- FS7: Sostenibilità dei Fornitori
- FS8: Sostenibilità delle Location per eventi e incontri
- FS9: Sostenibilità Gestionale

FC: Fattori di Contesto (Contesto, attrattive e risorse del territorio)

- FC1: Salute e Igiene (condizioni igienico-sanitarie, epidemie)
- FC2: Sicurezza Pubblica (criminalità, violenza, fenomeni di terrorismo)
- FC3; Politica dei Prezzi
- FC4: Politiche di Sostenibilità
- FC5: Politiche di Sviluppo e Incentivi
- FC6: Innovazione
- FC7: Politiche partecipative
- FC8: Attrazioni Endogene
- FC9: Attrazioni Indotte
- FC10: Risorse Hardware
- FC11: Risorse Software

Un chiarimento sugli ultimi quattro fattori (FC8, FC9, FC10 e FC11).

Le attrazioni e le risorse

Il Patrimonio Turistico che è alla base dell'offerta culturale o turistica comprende tutte quegli elementi che possono costituire un interesse turistico (Attrazioni) ed è l'unione dei seguenti elementi:

- **Patrimonio Culturale** nel senso più ampio del termine: tangibile (storico-artistico, naturale, archeologico) e immateriale (enogastronomia, beni demoetnoantropologici, tradizioni, storia, cultura) in grado di favorire un interesse di tipo turistico;

- **Attrazioni Turistiche non convenzionali**: Altri elementi di potenziale interesse turistico come possono essere determinate condizioni o elementi quali il clima o la morfologia del territorio o le attrazioni indotte (strutture/attività create appositamente dall'uomo: infrastrutture turistiche, spettacoli, eventi speciali, attività ricreative e sportive, ecc.)

Le attrazioni possono inoltre essere suddivise in:

- **Attrazioni endogene**: attrazioni naturali (montagne, laghi, spiagge, fiumi, clima, etc.) o culturali (cucina, artigianato, lingua, usi e costumi, monumenti, fatti storici, etc.);

- **Attrazioni indotte**: infrastrutture turistiche, eventi speciali, attività ricreative e sportive, ecc.

Risorse: Servizi (turistici e ausiliari), strutture e infrastrutture che assumono la funzione di facilitare la fruizione delle attrazioni, a sua volta suddivisi in:

- **Risorse Hw:** Infrastrutture, strutture e strumenti utilizzati per la erogazione dei servizi turistici e non;

- **Risorse Sw:** Servizi prettamente turistici (ricezione, ristorazione, divertimenti, trasporto, uffici informativi, ecc), servizi ausiliari che favoriscono l'accessibilità e la fruibilità delle attrazioni, risorse finanziarie (compreso finanziamenti e incentivi).

Ho usato il termine "Fattori di qualità", negli ultimi anni, come già scritto, si parla di valutazione dimensionale della qualità usando il termine "Dimensioni della Qualità" dando però definizioni diverse e individuando un numero di dimensioni diverse a seconda della realtà o del modello a cui il principio di valutazione multidimensionale è stato applicato.

Gli Indicatori della Qualità

I fattori di qualità costituiscono lo strumento principale per la percezione della qualità da parte di chi esprime le esigenze/bisogni/aspettative.

Gli indicatori di qualità sono invece delle variabili quantitative (e quindi misurabili) che permettono di misurare il livello qualitativo nel suo complesso in quanto ritenute "indicative" del fattore di qualità, sono quindi degli indicatori oggettivi e possono essere:

- **Indicatori di sistema**: comprendono indicatori strutturali, tecnologici e organizzativi;

- **Indicatori di risultato**: indicatori relative a misurazioni dirette da parte degli utenti relativi alla qualità percepita (indicatori di soddisfazione dei fruitori dei servizi) o da parte di personale specializzato (valutatori esterni, mistery auditor);

- **Indicatori di processo**: comprendono la presenza di procedure e processi operativi specifici;

- **Indicatori di contesto**: comprendono indicatori esterni non sempre direttamente controllabili dai gestori diretta dell'offerta turistica (mezzi pubblici, strade, taxi, cartellonistica esterna, informazioni turistiche, ecc.)

Ecco un breve esempio non esaustivo di indicatori a carattere generale:

Indicatori di sistema

Gestione (principali fattori interessati: Affidabilità, Competenza, Sicurezza, Accessibilità/Equità)

- Presenza di un Sistema di Gestione per la Sicurezza

Informazioni (principali fattori interessati: Comunicazione, Affidabilità, Competenza, Sicurezza, Accessibilità, Accoglienza)

- Presenza sito web
- Presenza sui principali social media (Facebook, Instagram, Twitter, ecc.)
- Sito web accessibile (e-accessibility, W3C, Legge 4/2004, ecc.)
- Presenza sito web multilingue
- Presenza nel sito web di un modulo contatti e informazioni sui servizi forniti
- Presenza nel sito web di informazioni utili a individuare il punto di incontro o di partenza per la visita programmata (possibilmente su mappa interattiva – Google Maps)
- Presenza delle informazioni minime fornite in sede di comunicazione dell'offerta
- Presenza delle Informazioni da dare al partecipante in fase di acquisto
- Presenza delle Informazioni da dare al partecipante durante l'esperienza
- Presenza di punti informativi nei pressi e all'interno del luogo oggetto di esperienza

Barriere (bisogni di tipo motorio, visivo, uditivo ed economico)
(Principali fattori interessati: Accessibilità).

Indicatori legati a bisogni di tipo motorio

Indicatori associati ad eventuali strutture di supporto o di ristoro (punti informativi, ristorazione, ricettività, centri ricreativi, strutture (eco)museali, centri di educazione ambientale, capanni, ecc):

- Percorso agevole per accedere alla struttura (larghezza minima di 90 cm e spazi per l'inversione di marcia)
- Porte e passaggi di ingresso accessibili in autonomia con carrozzelle (luce netta di almeno 80 cm)
- Porte e passaggi negli ambienti interni accessibili in autonomia con carrozzelle (luce netta di almeno 75 cm e dislivelli non superiori a 2,5 cm)
- Presenza di bagni per disabili (parametri dimensionali di accesso, spazi di manovra, disposizione apparecchi sanitari a norma)
- Presenza di ascensori per disabili (parametri dimensionali di accesso, spazi di manovra, disposizione comandi a norma)

Indicatori associati alla mobilità dell'itinerario (in caso di esperienze sul campo)

- Assenza di elementi che rendono poco agevole il percorso: pietroso, con ghiaia, sabbia, erba, fango, ecc)
- Assenza di ostacoli: buche vegetazione, pietre, gradini, ponticelli, muretti, ecc)
- Pendenza non eccessiva (dal 7 al 12%)
- Presenza di panchine
- Presenza di panchine dotate di braccioli ai lati
- Presenza di corrimano lungo il sentiero
- Larghezza del percorso o dei varchi di accesso adeguati alle sedie a rotelle

Indicatori legati a bisogni di tipo sensoriale (vista)

- Presenza di segnaletica e mappe tattili
- Presenza di informazioni in braille
- Presenza di audio guide

Indicatori legati a bisogni di tipo sensoriale (udito)

- Video guide con scrittura o LIS
- Presenza di adeguata segnaletica visiva
- Presenza di personale esperto in LIS

Indicatori di risultato (Principali fattori interessati: tutti).

- Chiarezza nell'esporre i servizi in sede di prenotazione/acquisto
- Personale capace di trattare l'utenza in modo gentile e cortese
- Infrastrutture (assenza di impianti, veicoli o strutture di appoggio ben funzionanti)
- Attrezzature (assenza di strumenti e attrezzature non funzionanti)
- Assenza di rischi fisici salvo quelli ragionevolmente previsti per gli ambiti associati alle visite guidate e corretta gestione di questi ultimi
- Assenza di attività e comportamenti in violazione dei principi della sostenibilità
- Capacità di rispetto dei tempi (rispetto del cronoprogramma, dalla partenza all'arrivo)
- Assenza di cambiamenti di programma non previsti e non dettati dalle necessità del caso (emergenze, ostacoli imprevisti, ecc.)
- Tempi di attesa per l'acquisto del biglietto (Accessibilità)
- Presenza di personale competente
- Presenza di personale cortese

Aspetto dei locali (eventuali locali di supporto o di ristoro):

- Assenza di rischi

- Assenza di sporco

- Presenza delle attrezzature minime previste per il tipo di struttura

Indicatori di contesto (Principali fattori interessati: accessibilità).

- Presenza di strade adeguate e sicure per raggiungere il/i punti di riunione prestabiliti o i beni da visitare

- Presenza di mezzi pubblici/privati per raggiungere il/i punti di riunione prestabiliti (numero e dislocazione) o i beni da visitare

- Presenza di parcheggi pubblici nei pressi del/dei punti di riunione prestabiliti o i beni da visitare (numero e dislocazione, parcheggi non a pagamento, tempi medi per trovare parcheggi)

- Accessibilità Monumenti e Punti di Interesse (orari di apertura adeguati alla domanda turistica)

- Presenza di segnaletica chiara e adeguata che facilita l'accesso ai Monumenti e ai Punti di Interesse

È da sottolineare come alcuni fattori sono in stretta correlazione tra di loro, ad esempio molti degli indicatori legati al fattore Comunicazione favoriscono il fattore stesso di Accessibilità. La presenza di un sito internet oltre a essere un indicatore per il fattore della comunicazione è anche uno strumento che facilità la conoscenza del bene e quindi anche l'accessibilità.

Gli Standard della Qualità

Vediamo ulteriori definizioni

- **Standard di qualità.** Valore attesto per un certo indicatore. Possono essere suddivisi in standard generali e standard specifici.

- **Standard di qualità generali.** Rappresentano obiettivi di qualità che si riferiscono al complesso delle prestazioni rese e sono espressi in genere da valori medi statistici degli indicatori. (Es. Percentuali di reclami rispetto al numero di clienti nell'anno minore del 1%)

- **Standard di qualità specifici.** Rappresentano obiettivi di qualità che si riferiscono a ciascuna delle singole prestazioni rese all'utente, che può verificarne direttamente il rispetto, e sono espressi in genere da una soglia massima o minima relativa ai valori che l'indicatore può assumere. (Tempo massimo di attesa al ristorante della prenotazione entro i 15 minuti)

Ecco alcuni esempi di standard di qualità:

Ricerca delle informazioni Standard di qualità

- Numero telefonico per ricevere informazioni attivo dalle ore 9:00 alle ore 18:00

- Sito web del tipo accessibile (e-accessibility, W3C,)

- Sito Web multilingue (Italiano, Inglese, Francese e Spagnolo)

- Personale multilingue (Italiano, Inglese, Francese e Spagnolo) a disposizione per le informazioni

Accettazione Standard di qualità

- Personale multilingue (Italiano, Inglese, Francese e Spagnolo) a disposizione in fase di accettazione

- Parcheggi per disabili adeguatamente segnalati in prossimità degli ingressi

- Percorso agevole per accedere alla struttura (larghezza minima di 90 cm e spazi per l'inversione di marcia)

- Porte e passaggi di ingresso accessibili in autonomia con carrozzelle (luce netta di almeno 80 cm)

- Presenza di segnaletica e mappe tattili (vista)

- Presenza di informazioni in braille (vista)

- Presenza di adeguati segnaletica visiva (udito)

- Apertura del Castello dalle ore 9.00 alle ore 00

- Apertura del Castello 7 giorni su 7

- Attesa max. per acquistare il biglietto 20 min.

Come si potrà facilmente notare, gli standard possono essere diversi da struttura a struttura in funzione di proprie politiche che puntano a fornire un servizio realistico legato alle proprie risorse disponibili.

Gli standard di qualità dovrebbero essere comunque essere inseriti in un contesto di miglioramento continuo della qualità erogata per cui dovrebbero essere monitorati e migliorati nel tempo (obiettivi della qualità)

4.3 Fattori e Indicatori della Qualità Esperienziali e Interpretativi

Integriamo quindi i precedente fattori con i seguenti fattori che non fanno altro che riprendere in toto i principi dell'Interpretazione.

Fattori di Qualità Esperienziale e Interpretativa

Fattori Esperienziali (FE) e Interpretativi (FI)

- FE1: Approccio Multisensoriale

- FE2: Approccio culturale

- FE3: Unicità

- FE4: Approccio relazionale

- FE5: Partecipazione diretta

- FE6: Apprendimento esperienziale

- FE7: Approccio tematico

- FE8: Approccio estetico.

- FE9: Intrattenimento

- FE10: Immersione

- FI11: Rivelazione (comunicazione ermeneutica)

- FI12: Provocazione (comunicazione basata sulla provocazione)

- FI13: Approccio sistemico (visione olistica)

- FI14: Approccio su misura

- FI15: Approccio creativo

- FI16: Interpretazione fondata sui fatti

- FI17: Semplicità e coerenza comunicativa

- FI18: Connessione emotiva (passione)

I fattori esperienziali da FE1 a FE10 sono da considerarsi fattori sia esperienziali che interpretativi anche fattori interpretativi, mentre i fattori da FI11 a FI18 sono esclusivamente fattori interpretativi. Ho preferito, al momento, usare un'unica numerazione progressiva.

Se avete letto bene il capitolo "I 18 Principi dell'Interpretazione", avendo presentato, in alcuni casi anche degli esempi reali, dovrebbe essere abbastanza chiaro quali sono gli indicatori che permettono di rispettare i 18 fattori appena elencati. Ancora più chiaro sarà nel prossimo volume, quello legato agli aspetti operativi, dove entrerò ancor più nel dettaglio, illustrando tecniche e metodologie che è possibile utilizzare per realizzare percorsi esperienziali/interpretativi nel rispetto dei singoli principi che stanno alla base. Di seguito solo un breve riepilogo di quanto già esposto.

Indicatori esperienziali e interpretativi

Fattore FE1: Approccio Multisensoriale

Indicatori:

- Presenza di attività che comportano il coinvolgimento di gran parte dei sensi: vista, udito, tatto, olfatto e in alcuni casi, gusto).

- Utilizzo di tecnologia multimediale o di altri accorgimenti in grado di stimolare più sensi compreso i sensi dell'olfatto, dell'udito e del tatto

- Utilizzo di tecniche di marketing sensoriale

Fattore FE2: Approccio culturale (Identità locali)

Indicatori:

- Presenza di attività che comportano la conoscenza o la comprensione di elementi culturali, naturali, storici o demoetnoantropologici del luogo

Fattore FE3: Unicità

Indicatori:

- L'unicità dell'esperienza culturale o di interpretazione essendo legati ad identità locali e luoghi specifici, risiede proprio nella sua natura. E' comunque opportuno evitare che i percorsi di esperienza/interpretazione siano associati a offerte prettamente seriali o di massa che in qualche modo ne sminuirebbero la caratteristica di unicità

Fattore FE4: Approccio relazionale

Indicatori:

- Offerta esperienziale/interpretativa basata sulle relazioni
- Utilizzo di comunicazione empatica e orientata alla centralità del partecipante

Gli indicatori segnalati fanno parte di quelli che abbiamo chiamato "indicatori di risultato" in quanto sono indicatori rilevabili direttamente dai partecipanti o da parte di personale specializzato (valutatori esterni, mistery auditor);

Fattore FE5: Partecipazione diretta

Indicatori:

- Presenza di attività che vedono la partecipazione diretta e attiva dei partecipanti
- Presenza di metodologie e tecnologie che favoriscono l'interattività da parte dei partecipanti (servizi interpretativi)

Fattore FE6: Apprendimento esperienziale

Indicatori:

- Presenza di attività di apprendimento esperienziale

Fattore FE7: Approccio tematico

Indicatori:

- Percorso esperienziale/interpretativo caratterizzato da un tema che lo caratterizza e che ne costituisce il filo conduttore.

Fattore FE8: Approccio estetico

Indicatori:

- Presenza di elementi scenici e contesto di riferimento che favoriscono l'aspetto estetico: atmosfera, rispetto del concetto di bellezza, luogo scelto per l'esperienza, trama (sceneggiatura) coerente con il tema scelto ed il luogo individuato.

Fattore FE9: Intrattenimento

Indicatori:

- Presenza di momenti di intrattenimento che arricchiscono, "alleggeriscono" e rendono piacevole l'esperienza.

Fattore FE10: Immersione

Indicatori:

- Presenza di tecniche immersive e rispetto dei principi di partecipazione diretta e approccio estetico

Fattore FI11: Rivelazione (comunicazione ermeneutica)

Indicatori:

- Utilizzo di tecniche comunicative di tipo interpretativo ed ermeneutico
- Utilizzo di tecniche di storytelling

Fattore FI12: Provocazione (comunicazione basata sulla provocazione)

Indicatori:

- Utilizzo di tecniche comunicative di tipo interpretativo basate sul concetto di provocazione
- Utilizzo di tecniche di storytelling

Fattore FI13: Approccio sistemico (visione olistica)

Indicatori:

- Utilizzo di tecniche di comunicazione e interpretative in grado di mettere in relazione il fenomeno (bene sottoposto a interpretazione) e i partecipanti
- Utilizzo di tecniche di comunicazione e interpretative in grado di mettere in relazione il fenomeno (bene sottoposto a interpretazione) ed il contesto di riferimento (storie, tradizioni, leggende, contesto sociale ed ogni altro aspetto che possa stimolare e accrescere l'interesse dei partecipanti)
- Utilizzo di tecniche di comunicazione e interpretative in grado di mettere in relazione l'interprete e i partecipanti

Fattore FI14: Approccio su misura

Indicatori:

- Progettazione di percorsi interpretativi basati su target specifici, Per ogni target individuato dovranno essere individuati: temi, metodi e programmi specifici.

Fattore FI15: Approccio creativo

Indicatori:

- Utilizzo di tecniche comunicative e di scrittura di tipo creativo

Fattore FI16: Interpretazione fondata sui fatti

Indicatori:

- Preventivo studio dettagliato del fenomeno (risorsa) da interpretare, delle fonti e della documentazione bibliografica in modo che le informazioni alla base dell'interpretazioni siano di qualità.

Fattore FI17: Semplicità e coerenza comunicativa

Indicatori:

- Assenza di un linguaggio eccessivamente tecnico, lungo o non pertinente con il contesto da interpretare

Fattore FI18: Connessione emotiva (passione)

Indicatori:

- Connessione emotiva (passione) con il fenomeno da interpretare (risorsa) da parte dell'interprete!

Anche questo indicatore è prevalentemente un "indicatori di risultato" in quanto rilevabile direttamente dai partecipanti o da parte di personale specializzato (valutatori esterni, mistery auditor);

4.4 Valutazione della Qualità delle Offerte Esperienziali/Interpretative

La Qualità finale del percorso esperienziale/interpretativo non è legata solo ai fattori della qualità ma deve tenere conto anche di altri momenti che riguardano ad esempio il contesto stesso dell'organizzazione che offre l'esperienza, così come altre attività quali: pianificazione, progettazione "messa in scena" delle esperienze e le attività di valutazione e miglioramento. Ecco, quindi, che le organizzazioni che erogano Offerte esperienziali/interpretative, al fine di tenere sotto controllo e mantenere un alto livello qualitativo delle proprie offerte, dovrebbero adeguare il proprio sistema organizzativo implementando un vero e proprio **Sistema di Gestione delle Offerte** (SGO) che tenga conto del tipo di offerte erogate.

Qualche tempo fa ho realizzato uno schema di valutazione VQE (Valutazione della Qualità Esperienziale) basata, nella versione 1.2, sulla misurazione di 45 indicatori suddivisi su cinque aree specifiche:

- Contesto dell'Organizzazione
- Pianificazione e Progettazione
- Attività Operative: Fattori di Qualità
- Attività Operative: Messa in Scena
- Valutazione e Miglioramento

Al fine di valutare anche la qualità interpretativa è possibile usare la stessa metodologia inserendo anche gli 8 fattori corrispondenti agli ultimi 8 principi dell'interpretazione in modo da avere uno schema che possiamo chiamare VQEI (Valutazione della Qualità Esperienziale e Interpretativa) basata, nella versione 1.0, sulla misurazione di 53 indicatori suddivisi su sei aree specifiche:

Pertanto, i 53 indicatori di VQEI sono suddivisi nelle seguenti sei aree:

- Contesto dell'Organizzazione
- Pianificazione e Progettazione
- Attività Operative: Fattori di Qualità
- Attività Operative: Messa in Scena
- Valutazione e Miglioramento
- Percorsi di interpretazione

Avrei potuto mantenere 5 aree inserendo i fattori interpretativi all'interno dell'area "Fattori di Qualità" ma questa scelta modificherebbe la numerazione dei 45 indicatori previsti inizialmente per la sola valutazione della qualità esperienziale, per cui ho preferito inserire una nuova area anche se la collocazione naturale degli indicatori dei percorsi interpretativi sarebbe assieme a quelli della qualità

Di seguito la descrizione dello schema VQEI realizzato adattando lo schema VQE ai principi interpretativi mancanti (ricordo che i primi 10 principi dell'interpretazione sono costituiti dai principi del percorso esperienziale).

La metodologia di autovalutazione VQEI è messa a disposizione di tutte le organizzazioni che desiderano misurare la propria capacità organizzativa nella erogazione di offerte esperienziali. La metodologia VQE è utilizzata anche per l'ottenimento del Marchio di Qualità Esperienziale. Ogni organizzazione può decidere liberamente quali indicatori adottare, per le Organizzazioni che desiderano ottenere il Marchio di Qualità Esperienziale che attesti la loro capacità organizzativa di erogare Offerte esperienziali di Qualità sono indicati gli indicatori obbligatori (**O**) e raccomandati (**R**).

I requisiti legati ai fattori di qualità esperienziali sono invece indicati con (**FE**). La loro obbligatorietà o meno dipende dal tipo di esperienza che si vuole offrire:

- Esperienza Culturale Semplice: FEI1, FEI2, FEI3
- Esperienza Culturale Autentica: FEI1, FEI2, FEI3, FEI4, FEI5, FE6, e FE7
- Esperienza Culturale Piena: FE1, FE2, FE3, FE4, FE5, FE6, FE7, FE8, FE9, FE10

Applicando anche i requisiti integrativi per i percorsi di interpretazione FI11-FI18 è possibile affermare che l'organizzazione possiede anche i requisiti per proporre un offerta interpretativa di qualità. Ovviamente tali requisiti vanno applicati solo nei casi in cui propone percorsi di interpretazione del patrimonio culturale.

Alcuni requisiti potrebbero non essere applicabili (**NA**) alla realtà operativa di alcune organizzazioni. In tal caso i requisiti non vanno applicati.

Per informazioni di dettaglio sul Marchio di Qualità Esperienziali rimando all'area web dedicata:

https://www.centrostudihelios.it/il-marchio-di-qualita-esperienziale-qe/

Di seguito i 53 indicatori di VQEI

CONTESTO DELL'ORGANIZZAZIONE

Comprensione dell'organizzazione e del suo contesto

- 1 (R): L'Organizzazione ha determinato i fattori esterni ed interni pertinenti il suo scopo che potrebbero influire sulla sua capacità di ottenere gli obiettivi previsti per i propri eventi esperienziali?
- 2 (R): L'Organizzazione ha determinato le identità locali coinvolte negli eventi esperienziali?

Comprensione dei bisogni e delle aspettative delle parti interessate (stakeholder)

- 3 (R): L'organizzazione ha determinato i bisogni e le aspettative di tali parti interessate?

Nota: i bisogni possono essere: espliciti, impliciti e cogenti

Responsabile degli Eventi (RdE)

- 4 (O): È stato individuato un Responsabile degli Eventi (RdE)
- 5 (R): Il Responsabile degli eventi ha le conoscenze, abilità e competenze previste dallo schema (SP/TAECF/CP147)

Link: **https://www.aiptoc.it/responsabile-delle-esperienze-rde/**

- 6 (R): Il Responsabile degli eventi ha una attestazione professionale ai sensi della legge 4/2013?

PIANIFICAZIONE E PROGETTAZIONE

- 7 (O): L'organizzazione ha pianificato le attività necessarie alla corretta esecuzione degli eventi esperienziali?

L'organizzazione ha progettato l'evento esperienziale in modo che sia possibile individuare:

- 8 (O): Obiettivi dell'evento (in funzione dei destinatari e della tipologia dell'offerta)?
- 9 (O): I processi (macro e micro) necessari per la realizzazione dell'esperienza
- 10 (O): Le Risorse umane necessarie per la messa in opera dell'esperienza (possibilmente con relativo organigramma e mansionario dove vengono definite le gerarchie, i compiti e le responsabilità)
- 11 (O): Permessi, licenze ad autorizzazioni necessarie
- 12 (R): Le entità effettivamente coinvolte (soggetti pubblici e privati coinvolti nella predisposizione e realizzazione dell'esperienza)
- 13 (O): I rischi e le azioni legate ai rischi di varia natura

ATTIVITA' OPERATIVE: FATTORI DI QUALITA'

Fattori di Qualità

L'Organizzazione ha determinato i fattori e relativi indicatori di qualità applicabili agli eventi esperienziali? Si risponda per ogni singolo fattore indicato.

Fattori Esperienziali

- 14 FE1: Approccio Multisensoriale: Il percorso esperienziale prevede attività di tipo multisensoriale (coinvolgimento dei sensi: vista, udito, tatto, olfatto e laddove possibile, gusto)?
- 15 FE2: Approccio Culturale: Il percorso esperienziale permette di approfondire la conoscenza di elementi di identità locale?
- 16 FE3: Unicità: il percorso esperienziale presenta caratteristiche di unicità?
- 17 FE4: Approccio relazionale: il percorso esperienziale è basato sulle relazioni umane?
- 18 FE5: Partecipazione diretta: il percorso esperienziale prevedere la partecipazione diretta dell'ospite ad alcune attività?

- 19 FE6: Apprendimento esperienziale: il percorso esperienziale prevedere una fase di apprendimento attraverso la partecipazione diretta dell'ospite ad alcune attività?

- 20 FE7: Approccio tematico: ogni percorso esperienziale è costruito a partire da un tema che lo caratterizza e che ne costituisce il filo conduttore

- 21 FE8: Approccio estetico: l'approccio estetico, è uno degli elementi, assieme a quello della partecipazione diretta, alla base del concetto di "immersione". Gli eventi che costituiscono "la messa in scena dell'esperienza" devono essere progettati in modo da dare importanza a tutti gli aspetti che possano influire sull'estetica: l'atmosfera, il senso del bello, il luogo scelto per l'esperienza, la trama (sceneggiatura) che deve essere coerente con il tema scelto ed il luogo individuato.

- 22 FE9: Intrattenimento: il percorso esperienziale dovrebbe anche prevedere dei momenti di intrattenimento che arricchiscono e rendono piacevole l'esperienza.

- 23 FE10: Immersione: Il principio di immersione è in realtà, la diretta conseguenza dell'applicazione dei principi di partecipazione diretta e di approccio estetico.

Nota:

- Il termine percorso esperienziale è sinonimo di "evento esperienziale"

- Per ogni fattore vanno adottate anche le necessarie misure per la relativa misurazione e valutazione

- I Fattori da FE1 a FE10 costituiscono "i dieci principi dei percorsi esperienziali"

- Un percorso esperienziale che rispetti unicamente il primo principio è una semplice esperienza multisensoriale.

- Un percorso esperienziale che rispetta il primo ed il secondo principio è una Esperienza Culturale Semplice (ECS).

- Un percorso esperienziale che rispetta i primi sette principi è una Esperienza Culturale "autentica" (ECA). **Tali principi sono obbligatori se si desidera realizzare un percorso esperienziale ECA**

- Un percorso esperienziale che rispetta tutti i dieci principi è una Esperienza Culturale "piena". (ECP) **Tali principi sono obbligatori se si desidera realizzare un percorso esperienziale ECP**

Fattori Base: Qualità tecnica

- 24 (O) FB2 Competenza: Competenza tecnica del personale. Saper fare e saper fare bene significa saper fare in qualità.
- 25 (R) FB12 Sicurezza: Assenza di pericoli per il pubblico, rispetto della normativa in materia di sicurezza.
- 26 (R) FB13 Infrastrutture e Attrezzature: Qualità delle infrastrutture, dei materiali, delle attrezzature e degli strumenti

Fattori Base: Qualità relazionale

- 27 (R) FB1 Cortesia: Gentilezza, rispetto, considerazione e cordialità del personale nei confronti dell'utenza.
- 28 (R) FB3 Empatia: Capacità dell'organizzazione, e, specificamente, dell'interfaccia con cui interagisce l'utente, di fornire un servizio personalizzato capace di andare incontro ai reali bisogni del singolo, nella sua specificità e individualità
- 29 (R) FB5 Accoglienza: Ambienti gradevoli, accoglienti e confortevoli, gradevolezza nell'aspetto delle strutture, delle attrezzature e del personale, servizi di cortesia aggiuntivi.
- 30 (R) FB6 Comunicazione: Disponibilità e capacità di ascolto delle parti interessati, informazioni complete relative ai servizi forniti, utilizzo di un linguaggio comprensibile.

Fattori Base: Qualità organizzativa

- 31 (R) FB16: Accessibilità generale: Capacità di rendere accessibile il servizio legata a molteplici aspetti (orari di apertura adeguati, parcheggi, informazioni sugli orari di apertura, trasporti, ecc.) ed anche alla facilità di contatto e degli adempimenti

Fattori Base: Qualità sociale

- 32 (O) FB14: Tutela: Applicabile soprattutto nel caso di beni culturali che potrebbero essere danneggiati da una non corretta fruizione. Questo fattore se esteso al concetto di sostenibilità potrebbe interessare anche la tutela del territorio e degli abitanti residenti nel territorio che ospita i beni culturali interessati al turismo (traffico, smog, aumento dei costi conseguenza ad una fruizione del territorio non all'insegna della sostenibilità)

Fattori di Equità/Accessibilità in base ai bisogni

- 33) (R): Almeno uno dei fattori seguenti:
  - o FA1: Accessibilità motoria
  - o FA2: Accessibilità visiva
  - o FA3: Accessibilità uditiva

ATTIVITA' OPERATIVE: "MESSA IN SCENA"

Elementi di messa in scena

- 34 (R) L'esperienza è caratterizzata da un tema che costituisce un filo conduttore per l'intero percorso
- 35 (R): L'organizzazione ha inserito adeguati indizi positivi (stimoli) che armonizzano le impressioni?
- 36 (R): L'organizzazione ha eleminato eventuali indizi negativi che distolgono dal tema?
- 37 (R): L'organizzazione ha integrato l'esperienza con oggetti ricordo (souvenir)?

Controllo dei servizi e prodotti forniti dall'esterno

- 38 (R): Laddove gli eventi esperienziali comprendono servizi affidati all'esterno, l'organizzazione ha implementato procedure per i controlli necessari affinché non influiscano negativamente con gli obiettivi previsti per gli stessi eventi?
- 39 (R): Laddove gli eventi esperienziali comprendono prodotti forniti dall'esterno, l'organizzazione ha implementato procedure per i controlli necessari affinché non influiscano negativamente con gli obiettivi previsti per gli stessi eventi?

VALUTAZIONE E MIGLIORAMENTO

Monitoraggio e valutazione

- 40 (O): L'Organizzazione ha determinato un insieme di fattori e gli indicatori di qualità che verranno sottoposti a monitoraggio e valutazione?

- 41 (R): L'organizzazione ha attuato un sistema per il controllo della qualità percepita?

- 42 (R): l 'organizzazione ha attuato un sistema per l'analisi relativa ai controlli effettuati?

- 43 (R): L'organizzazione conduce audit interni ad intervalli pianificati?

- 44 (R): L'organizzazione ha messo in atto un sistema per la gestione delle non conformità e azioni correttive?

- 45 (R): L'organizzazione ha messo in atto un sistema di miglioramento continuo?

PERCORSI DI INTERPRETAZIONE

Fattori interpretativi

- 46 FI11: Approccio Multisensoriale: Il percorso esperienziale prevede attività di tipo multisensoriale (coinvolgimento dei sensi: vista, udito, tatto, olfatto e laddove possibile, gusto)?

- 47 FI11: Rivelazione (comunicazione ermeneutica): Il percorso interpretativo è basato sulla comunicazione ermeneutica?

- 48 FI12: Provocazione (comunicazione basata sulla provocazione): Il percorso interpretativo utilizza tecniche comunicative e metodologie di tipo interpretativo basate sul concetto di provocazione?

- 49 FI13: Approccio sistemico (visione olistica): Il percorso interpretativo utilizza un approccio sistemico?

- 50 FI14: Approccio su misura: La progettazione del percorso interpretativo tiene conto dei diversi possibili target dei partecipanti?

- 51 FI15: Approccio creativo: sono utilizzate tecniche di comunicazione e/o di scrittura creativa?

- 52 FI16: Interpretazione fondata sui fatti: Gli elementi in ingresso della progettazione considerano studi dettagliati del fenomeno (risorsa) da interpretare, delle fonti e della documentazione bibliografica?

- 53 FI17: Semplicità e coerenza comunicativa: La comunicazione è caratterizzata dall'assenza di un linguaggio eccessivamente tecnico, lungo o non pertinente con il contesto da interpretare?

- 54 FI18: Connessione emotiva (passione): Sono riscontrabili da parte dei partecipanti o di osservatori esterni elementi che fanno ipotizzare una reale connessione emotiva (passione) con il fenomeno da interpretare (risorsa) da parte dell'interprete?

Nel prossimo volume approfondirò e presenterò delle linee guide per applicare gli indicatori presentati alle organizzazioni che desiderano applicarli.

5. La Professione di Interprete

5.1 Il riconoscimento degli Interpreti in Italia

A livello internazionale di un certo interesse sono i percorsi di certificazione di alcune figure professionali nell'ambito dell'interpretazione del patrimonio culturale messa a punto dalla National Association for Interpretation (NAI)[48] e dal National Park Service (NPS)[49]

La certificazione così come NAI e NPS la intendono non è facilmente proponibile, almeno in Italia, in quanto non sono certificazioni legalmente riconosciute. E' comunque possibile un percorso di legittimazione della professione di Interprete del Patrimonio Culturale, se si tiene conto che tale professione, in quanto non regolamentata, è disciplinata dalla Legge 4/2013 e che è stato, di recente, pubblicato un Decreto che per la prima volta fornisce la definizione di "professionista".

Infatti, il DPCM 14/10/2021 (Decreto reclutamento) pubblicato nella G.U. 268 del 10/11/2021 che per la prima volta fornisce la definizione legale di "professionista", individua i professionisti che possono effettuare domanda al portale del reclutamento per conferimento incarichi professionali nelle pubbliche amministrazioni.

*Ai fini del decreto si intende per: **"professionista"**: la persona fisica iscritta ad un albo, collegio o ordine professionale e i professionisti come definiti ai sensi dell'art. 1 della legge 14 gennaio 2013, n. 4, in possesso dell'attestazione di qualità e di qualificazione professionale dei servizi ai sensi dell'art. 7 della legge 14 gennaio 2013, n. 4, rilasciata da un'associazione professionale inserita nell'elenco del Ministero dello sviluppo economico, o in possesso di certificazione in conformità alla norma tecnica UNI ai sensi dell'art. 9 della legge 14 gennaio 2013, n. 4 (Art. 1 DPCM 14/10/2021)*

---

[48] Si veda l'area Certification & Training del sito della NAI:
https://www.interpnet.com/NAI/interp/Certification/Welcome/nai/_certification/Certification_Welcome.aspx?hkey=fa8b1be4-ee12-436d-ac61-7cdd7efd3926

[49] https://www.nps.gov/idp/interp/theprogram.htm

In sostanza gli unici "professionisti" legalmente riconosciuti sono quindi:

- I professionisti iscritti ad un albo, collegio o ordine professionale;
- I professionisti in possesso di una attestazione di Qualità e Qualificazione professionale rilasciata ai sensi della Legge 4/2013;
- I professionisti certificati ai sensi di norme tecniche UNI.

Considerando che non esiste un albo degli "Interpreti del Patrimonio Culturale" l'unica possibilità di riconoscimento, dei requisiti professionali, ai sensi di una normativa vigente, è l'attestazione ai sensi della legge 4/2013 o la certificazione UNI.

Certificazione o Attestazione di Qualità e Qualificazione Professionale dei Servizi?

La certificazione così come la NAI la intende non è facilmente proponibile, almeno in Italia se non dopo un passaggio che porti alla definizione di norme tecniche UNI.

Il passaggio proposto è il seguente

Primo passo: riconoscimento da parte di Associazioni autorizzate dal MISE secondo uno schema che sia più vicino possibile in linea con quanto previsto dagli standard europei ECQ ed ECVET e lo standard ANPR UNI

Secondo passaggio a norme UNI di certificazione del personale

Al momento in Italia è stato raggiunto il 1° passo, infatti AIPTOC, Associazione Italiana Professionisti del Turismo e Operatori Culturali (AIPTOC), inserita negli elenchi del MISE ai sensi della Legge 4/2013, ha predisposto uno schema di riconoscimento della figura di Interprete del Patrimonio Culturale in conformità lo standard: SP/TAH-CF: Standard Professionale (SP) basato sulle competenze professionali indicate nel Quadro delle Competenze del Turismo, delle Arti e del Patrimonio Culturale **"Tourism, Arts and Heritage Competence Framework (TAH-CF)"**

5.2 Tourism, Arts, Heritage Competence Framework

Rimando, per un approfondimento dell'argomento trattato in questo capitolo, ad un altro mio lavoro di cui riporto in questa sede solo gli elementi essenziali[50].

Standard Formativi e Standard Professionali

Una classificazione degli standard di riferimento per le qualifiche professionali e la formazione non formale e informale è stata storicamente basata su due approcci:

- **Standard Professionali** (o standard di occupazione). Basati sulla logica dell'impiego (mansioni, compiti e risultati ottenuti in ambito occupazionale. Nella sostanza: "cosa sono in grado di svolgere in ambito lavorativo"

- **Standard Formativi** (o di istruzione/formazione). Basati sulla logica della istruzione e formazione (cosa si apprende, come si apprende e come si valuta ciò che si apprende)

La necessità di integrare i due tipi di standard è sentita da anni in quanto tali standard nella sostanza non sono entità separate (mondo dell'istruzione e del lavoro), ciò ha fatto sì che gli standard formativi subissero negli anni una evoluzione concettuale che permettesse questa integrazione.

Gli standard formativi tradizionalmente formulati in termini di input dell'apprendimento (**learning inputs**): discipline, contenuti formativi, programma di studio, modalità di erogazione della formazione, ecc.) sono passati a quelli che sono risultati dell'apprendimento (**learning outcomes**) ottenuti alla fine del percorso di apprendimento e che sono esplicitati in termini di Conoscenze, Abilità e Responsabilità ed autonomia. L'accento è quindi posto non tanto su come è strutturato un percorso formativo necessario all'ottenimento di un titolo, ma piuttosto su che cosa si sarà in grado di fare dopo aver completato il percorso formativo.

---

[50] Ignazio Caloggero: "Turismo, Arte e Patrimonio Culturale: Profili Professionali e Nuovo Quadro delle Competenze Edizioni Centro Studi Helios (2022) ISBN: 9788832060171

Il risultato del processo di integrazione avvenuto grazie agli ultimi standard europei quali ad esempio EQF e ECVET è quindi quello di ottenere degli standard associati all'apprendimento (formale, non formale e informale) che siano formulati in termini di Conoscenze, Abilità e Autonomia e responsabilità (standard professionali) e risultati dell'apprendimento (standard formativi).

Il Quadro "Tourism, Arts, Heritage Competence Framework (TAH-CF)"

Il Quadro (Framework) di riferimento delle competenze richieste e applicate nel settore Turistico, delle Arti e del Patrimonio Culturale, denominato **Tourism, Arts, Heritage Competence Framework (TAH-CF)** è composto da competenze richieste, con particolare riferimento alle professioni intellettuali e di elevata specializzazione nei settori presi a riferimento.

Le competenze (**capacità di <u>utilizzare</u> il sapere ed il saper fare**) costituiscono un elemento combinatorio che tiene conto delle **conoscenze, abilità e capacità personali** e del relativo grado di autonomia e responsabilità necessarie per risolvere un problema o svolgere un **compito** anche complesso.

Le competenze, una volta specificato il compito associato, sono definite attraverso le seguenti componenti:

- **Conoscenze** (Knowledge)
- **Abilità** (Skill)
- **Livello di Autonomia e Responsabilità:** (livello richiesto di capacità di applicare le conoscenze e le abilità in modo autonomo e responsabile. Tale livello è associato ad uno degli otto livelli di cui alla classificazione QNQ/EQF)

Il Livello **Autonomia e Responsabilità** di corrispondenza QNQ/EQF andrebbe associato per ogni singola competenza.

A volte la differenza tra un profilo professionale ed un altro è proprio nel diverso livello richiesto per le singole competenze, infatti le stesse competenze, o competenze simili possono essere associati a diversi livelli EQF, in funzione dell'importanza che hanno nella specifica professionalità.

Di norma, ad esclusione di alcune figure professionali e-CF, ciò non avviene, in quanto viene fornito il livello QNQ/EQF complessivo dato alla figura professionale nel suo complesso.

Questo avviene per semplificare e fornire un unico valore di EQF ed è possibile grazie all'applicazione del principio del "principio qualitativo di prevalenza".

Il principio di prevalenza è anche riportato nell'allegato 2 "Criteri minimi per la referenziazione delle qualificazioni italiane al Quadro Nazionale delle Qualificazioni" del Decreto MLPS – MIUR 08/01/2018 "Istituzione del Quadro nazionale delle qualificazioni rilasciate nell'ambito del Sistema nazionale di certificazione delle competenze di cui al decreto legislativo 16 gennaio 2013, n. 13"

"Nel caso in cui la qualificazione presenti competenze con differenti livelli ovvero livelli differenti rispetto alle dimensioni o ai descrittivi del QNQ e comunque, nel più complessivo processo delle valutazioni di comparazione e coerenza di cui al presente punto, la referenziazione deve avvenire sempre in base al principio qualitativo di prevalenza, attribuendo alla qualificazione il livello maggiormente ricorrente".

Il TAH-CF è stato implementato in conformità al Quadro Europeo delle Qualifiche (European Qualification Framework – EQF) e alla Raccomandazione 2009/C 155/02 (Sistema europeo di crediti per l'istruzione e la formazione professionale - ECVET).

Al Quadro TAH-CF sono inoltre associati due standard di riferimento ad esso collegati:

- **SP/TAH-CF: Standard Professionale (SP)** utilizzato per la costruzione o ridefinizione di profili professionali basati sul quadro TAH-CF e relativo alle professioni non regolamentate riferibile ai settori turistici, delle Arti e dello Spettacolo e del Patrimonio Culturale. Lo schema, almeno nelle linee di principio, può comunque essere utilizzato anche per altre professioni.

- **SF/TAH-CF: Standard Formativo (SF)** utilizzato per la descrizione di percorsi formativi basati sul quadro TAH-CF ma che può essere utilizzato per qualsiasi percorso formativo relativo ad Apprendimenti Formali e Non Formali.

Lo schema, inoltre, per la sua suddivisione in "dimensioni", prende, in parte, spunto dal modello e-CF 3.0 (European e-Competence Framework) anche se è stato semplificato e adattato al contesto di riferimento.

Le 4 dimensioni di Riferimento

Dimensione 1: Le **P**rofessioni (**P**): (**Chi**) L'insieme delle Professioni è da intendersi un insieme dinamico che fotografa lo stato di fatto ad un dato momento, del mondo delle professioni; pertanto, è suscettibile di evoluzione continua. È il punto di partenza del processo di costruzione dei profili professionali in quanto per ogni professione è necessario, una volta individuati i compiti e le relative attività, formalizzare l'insieme delle competenze necessarie a svolgere i compiti previsti dalla professione.

Dimensione 2 Le Aree di Competenze: (Cosa, Come, con quali Strumenti): Le Aree di Competenze contente i singoli settori di Competenze per cui sono individuabili Competenze Tematiche. Le Competenze Tematiche, che fanno riferimento ai diversi settori, sono le componenti che possono concorrere alla costruzione dei profili professionali. Una competenza tematica (o Macro Competenze), può concorrere alla costruzione di più profili professionali.

- **Dimensione 3 Le Abilità: (il saper fare)** (o **capacità di <u>applicare</u> il sapere**). Esempi Abilità (**S**kill) in relazione alle competenze tematiche. Così come per il Quadro e-CF, l'elenco descrive il contesto aggiungendo valore al framework **e non deve ritenersi esaustivo.**

- **Dimensione 4 Le Conoscenze: (il sapere).** Esempi di Conoscenze (**K**nowledge) in relazione alle competenze tematiche e alle abilità. Così come per il Quadro e-CF, l'elenco descrive il contesto aggiungendo valore al framework **e non deve ritenersi esaustivo.**

Note metodologiche

1. Le abilità e le conoscenze sono a volte espresse in modo da abbracciare un ampio contesto e andranno dettagliate in sede di definizione delle abilità e delle conoscenze che delimiteranno meglio i confini del contesto relativo ad uno specifico profilo professionale.

2. Le competenze effettive (espresse attraverso le abilità e conoscenze) da assegnare ad una specifica professione dovrebbero essere individuate a partire dai compiti (eventualmente correlato ad un insieme di attività) assegnati al profilo professionale preso a riferimento.

3. Per alcune Professioni, in particolare quelle riferibili a professioni regolamentate e disciplinate da norme specifiche, l'accesso alla professione è subordinato al possesso delle abilitazioni di legge. Per tali professioni, anche i requisiti in termini di conoscenze, abilità e Autonomia e Responsabilità così come il percorso di apprendimento sono generalmente specificati in norme e leggi di settore.

4. Per alcune figure professionali non regolamentate sono state emesse, o sono in fase di emissione, specifiche norma UNI che definiscono i requisiti di:
   a. conoscenza,
   b. abilità,
   c. responsabilità e autonomia

5. Sia per le professioni regolamentate, sia per le professioni non regolamentate ma per cui è stata emessa una specifica norma UNI settoriale è opportuno fare riferimento, nella definizione di conoscenza, abilità, autonomia e responsabilità, alla normativa cogente e alle norme UNI pubblicate.

6. Per quanto riguarda le professioni professionali non regolamentate, anche quando non esiste una norma UNI che definisce i requisiti di conoscenza, abilità e autonomia e responsabilità è utile, anche per un eventuale inserimento futuro in una norma UNI dello schema predisposto, che tale schema faccia riferimento, nella sua struttura, allo schema ANPR (Attività professionali non regolamentate) predisposto dall'UNI che individua le conoscenze, abilità e autonomia e responsabilità a partire dai compiti e attività specifiche della figura professionale di cui si vuole configurare il profilo.

Il Quadro TAH-CF è in continua evoluzione ed una sua versione aggiornata è visualizzabile al seguente indirizzo web a cui rimando per i dettagli:

https://www.turismoartiespettacolo.it/quadro-delle-competenze-del-turismo-delle-arti-e-del-patrimonio-culturale/

5.3 Le competenze dell'Interprete del Patrimonio Culturale

Interprete del Patrimonio Culturale (Heritage Interpreter).

Link alla versione aggiornata dello schema di riferimento: https://www.aiptoc.it/interprete-del-patrimonio-sp-taecf-cp160/

1. Titolo

Interprete del Patrimonio Culturale (Heritage Interpreter).

2. Livello EQF

Settimo livello EQF

3. Codice Schema TAH-CF

PPC14

4. Descrizione

L'Interprete del Patrimonio è una figura professionale, ad alto contenuto intellettuale che possiede competenze specifiche per Svolgere attività di:

- Ideazione, Progettazione, Realizzazione, Partecipazione, Comunicazione, Valutazione, Miglioramento e Innovazione inerenti ai Servizi Interpretativi (interpretazione mediata) e ai percorsi di Esperienze di Interpretazione (interpretazione diretta).
- Individuazione, Catalogazione, Conoscenza, Interpretazione, Documentazione, Conservazione, Tutela, Valorizzazione, inerenti al Patrimonio Culturale

L'Interprete del Patrimonio ha una profonda conoscenza del proprio territorio e del patrimonio culturale nelle sue varie forme da quello materiale (beni culturali storico-artistico, beni paesaggistici e naturali) a quello immateriale (tradizione, folklore, arte, enogastronomia, artigianato tipico, storia e tradizioni locali) al fine di individuare e predisporre, in modo sistemico, sia servizi interpretativi sia percorsi unici di esperienze di interpretazione culturale. L'interprete del Patrimonio Culturale inoltre adotta un approccio sistemico che mette in risalto, durante l'intero percorso interpretativo, aspetti tipici dell'apprendimento esperienziale: motivazione, relazioni interpersonali, multi-sensorialità, identità locali, centralità ed unicità dei partecipanti e originalità degli strumenti utilizzati.

Nota:

- **Servizi di Interpretazione (interpretazione mediata)**: Realizzazione degli strumenti e dei servizi di comunicazione (cartelli, segnaletica, mappe, opuscoli illustrativi, guide, volantini, produzioni e postazioni multimediali, allestimenti, siti web, app, ecc.) e progettazione dei Piani di Interpretazione

- **Percorsi di Esperienza di Interpretazione (interpretazione diretta)**: Iniziative che prevedono la partecipazione diretta sia degli interpreti sia degli ospiti nelle attività interpretative.

Al fine di tenere conto, delle diverse specializzazioni operanti nel settore dell'interpretazione e della corretta assegnazione delle abilità, conoscenze e competenza, vengono prese in considerazione quattro profili specialistici ai fini dell'esercizio della professione di Interprete del Patrimonio Culturale (Heritage Interpreter):

- PPC14/P1: Interprete del Patrimonio Archeologico
- PPC14/P2: Interprete del Patrimonio Storico – Artistico
- PPC14/P3: Interprete del Patrimonio Demoetnoantropologico
- PPC14/P4: Interprete del Patrimonio Ambientale

Note:

1. La differenza tra le varie forme di Interpretazione del Patrimonio Culturale è legata esclusivamente al grado di specializzazione settoriale e agli strumenti utilizzati durante l'intero percorso di interpretazione, in quanto ogni Interprete deve comunque avere una robusta conoscenza e competenze in tutti i settori. Pertanto, non esisteranno distinte professionalità ma un'unica professionalità (Interprete del Patrimonio Culturale) specializzato in uno o più settori che hanno attinenza con il Patrimonio Culturale nel senso più ampio del termine.

2. È considerato Interprete del Patrimonio Culturale il professionista che ha la preparazione per svolgere le attività associate ad almeno uno dei cinque profili indicati.

3. Un Interprete del Patrimonio Culturale opera in una o più delle aree indicate.

L'Interprete del Patrimonio può essere un dipendente o un lavoratore autonomo che fornisce le sue prestazioni a Centri specializzati, Musei, Ecomusei, Enti locali, Associazioni culturali Enti gestori del Patrimonio Culturale. La sua attività può svolgersi sia in ambienti chiusi (aule, laboratori, musei ed ecomusei), sia all'aperto a contatto diretto con i luoghi di interesse per lo svolgimento dell'esperienza di interpretazione culturale.

5. Normativa di riferimento

- Quadro Europeo delle Qualifiche (European Qualification Framework – EQF)
- Raccomandazione 2009/C 155/02 (Sistema europeo di crediti per l'istruzione e la formazione professionale -ECVET)
- Legge 4/2013 relative alle professioni non regolamentate

6. Compiti e attività specifiche

Al fine di tenere conto, nell'assegnazione dei compiti, è stata effettuata la seguente distinzione:

- **Compiti fondamentali**: compiti indispensabili per la figura professionale
- **Compiti facoltativi**: compiti aggiuntivi ai fondamentali che sono a discrezione del singolo professionista

I singoli compiti possono essere eventualmente descritti da un insieme di attività specifiche ad essi associati.

Di seguito vengono elencati i compiti e le attività specifiche associando, per ogni compito o attività specifica i requisiti di conoscenze, abilità e autonomia e responsabilità (competenze).

Compiti fondamentali e attività specifiche per tutti i profili specialistici

- **T1**: Effettuare attività di studio, ricerca e analisi nell'ambito dell'Interpretazione del Patrimonio e nelle discipline affini e collegate
- **T2**: Individuare, catalogare, analizzare, interpretare e documentare il Patrimonio Culturale
- **T3**: Analizzare il Contesto di riferimento
- **T4**: Valutare i bisogni e le aspettative dell'utenza reale e potenziale per il settore di riferimento
- **T5**: Individuare scopo, obiettivi e tipologia dell'interpretazione del percorso di esperienza di interpretazione del Patrimonio (caratteristiche del servizio)
- **T6**: Progettare e realizzare percorsi di Esperienza di Interpretazione del Patrimonio Culturale (interpretazione diretta)
- **T7**: Progettare e realizzare Servizi Interpretativi del Patrimonio Culturale (interpretazione mediata)
- **T8**: Comunicare

- **T9** Monitorare e valutare
- **T10**: Migliorare (miglioramento continuo)
- **T11**: Realizzare, Curare eventi espositivi su tematiche culturali

Compiti facoltativi

- **T12**: Interfacciarsi in lingua straniera in funzione del target territoriale di riferimento dei propri utenti

Le competenze del compito T12 possono essere messe a disposizione anche da altri componenti del team incaricato di svolgere il percorso di esperienza interpretativa laddove la richiesta dell'utenza lo preveda.

7. Abilità, Conoscenze e Autonomia e Responsabilità

Di seguito vengono elencati i compiti e le attività specifiche associando, per ogni compito o attività specifica i requisiti di abilità, conoscenze, abilità e autonomia e responsabilità (competenze). Tra parentesi i settori per cui determinate conoscenze devono essere particolarmente approfonditi.

- **(P1): Interprete del Patrimonio Archeologico**
- **(P2): Interprete del Patrimonio Storico - Artistico**
- **(P3): Interprete del Patrimonio Demoetnoantropologico**
- **(P4): Interprete del Patrimonio Ambientale**

Compito T1: Effettuare attività di studio e analisi nell'ambito delle esperienze di interpretazione del Patrimonio e nelle discipline affini e collegate

Abilità T1

- SP47: Saper utilizzare strumenti e metodologie di studio
- SP88: Saper elaborare studi, relazioni e indagini scientifiche relativi al proprio settore di riferimento
- SP89: Saper elaborare e promuovere progetti di studio relativi al proprio settore di riferimento
- SP92: Applicare tecniche e metodologie di Ricerca Documentale
- SP43: Individuare e valutare l'applicabilità della normativa in materia di Diritti d'Autore e del Copyright
- ST22: Saper applicare gli strumenti, anche informatici per la redazione di relazioni e documenti didattici

Conoscenze T1

- KT5: Strumenti informatici e telematici di base
- KT6: Strumenti informatici per la comunicazione
- KT25: Normativa in materia di Diritti d'Autore e del Copyright
- KS128: Metodologie di Ricerca Documentale
- KS129: Metodologie della ricerca e della didattica relativamente al proprio settore di riferimento

Compito T2: Individuare, catalogare, analizzare, interpretare e documentare il Patrimonio Culturale

Abilità T2

- SQ1: Capacità di analisi
- SQ2: Capacità di sintesi
- SP29: Patrimonio Unesco (Individuare, analizzare, interpretare, documentare)
- SP30: Patrimonio Naturalistico e Ambientale (Individuare, analizzare, interpretare, documentare)
- SP31: Patrimonio Storico, Artistico e Archeologico (Individuare, analizzare, interpretare, documentare)
- SP32: Patrimonio Immateriale (Individuare, analizzare, interpretare, documentare)
- SP33: Patrimonio Enogastronomico (Individuare, analizzare, interpretare, documentare)
- SP48: Utilizzare strumenti e metodologie di catalogazione
- SP100: Identità culturali locali (Individuare, analizzare, interpretare, documentare)
- SP105: Patrimonio Culturale (Individuare, analizzare, documentare)

Conoscenze T2

- KTU Patrimonio Unesco
    - KTU1: Convenzioni Unesco sul Patrimonio Culturale Materiale
    - KTU2: La Lista del Patrimonio Mondiale dell'Umanità (WHL)
    - KTU3: Istituzioni Unesco per il Patrimonio Culturale
    - KTU4: I siti a rischio del Patrimonio dell'Umanità
    - KTU5: La Lista Propositiva del Patrimonio Mondiale
    - KTU6: Le procedure per il riconoscimento dei siti Unesco

- o KTU7: Linee guida per la redazione e l'attuazione dei piani di gestione
- o KTU8: Modelli per la realizzazione dei Piani di Gestione
- o KTU9: I Siti nella Lista del Patrimonio Mondiale dell'Umanità
- o KTU10: Biosfere e Geoparchi Globali Unesco
- o KTU11: Network Città Creative
- o KTU12: Convenzioni Unesco sul Patrimonio Culturale Immateriale
- o KTU13: La Lista Mondiale del Patrimonio Culturale Immateriale
- o KTU14: Altri Programmi di salvaguardia e promozione del Patrimonio Culturale

- **KTN Patrimonio Naturalistico**
  - o KTN1: Le Aree Naturali Protette
  - o KTN2: Parchi e Riserve Naturali
  - o KTN3: Le riserve Naturali
  - o KTN4: Rete Natura 2000
  - o KTN5: Siti di Interesse Comunitario (SIC)
  - o KTN6: Zone di Protezione Speciale (ZPS)
  - o KTN7: Zone Speciali di Conservazione (ZSC)
  - o KTN8: Le Zone Umide
  - o KTN9: I Geositi
  - o KTN10: Strumenti di Gestione delle Aree Naturali Protette
  - o KTN11: I Piani Paesaggistici
  - o KTN12: Gli organi di tutela e vigilanza ambientali
  - o KTN13: Strategie per la Biodiversità

- **KTI Patrimonio Immateriale**
  - o KTI1: Beni demoetnoantropologici (DEA)
  - o KTI2: Registri del Patrimonio Immateriale
  - o KTI3: Riti e Feste Religiose (Celebrazioni)
  - o KTI4: Mestieri, Saperi e Tecniche lavorative tradizionali (Saperi)
  - o KTI5: Tradizioni ed espressioni orali (Espressioni)

- o KTI6: Arti dello Spettacolo
- o KTI7: Luoghi della Memoria e Luoghi simbolici
- o KTI8: Luoghi del Mito e delle Leggende
- o KTI9: Luoghi del Sacro
- o KTI10: Luoghi degli Eventi storici
- o KTI11: Luoghi delle personalità storiche e della cultura
- o KTI12: Luoghi storici del lavoro
- o KTI13: Luoghi del racconto letterario
- o KTI14: Luoghi del racconto televisivo e filmico
- o KTI15: Patrimonio museale etnoantropologico
- o KTI16: Patrimonio etnomusicologo
- o KTI17: Parchi letterari

- KTS Patrimonio Storico, Artistico e Archeologico
  - o KTS1: Il Turismo Archeologico
  - o KTS2: Parchi e Siti Archeologici
  - o KTS3: Paleolitico, Mesolitico e siti di interesse turistico
  - o KTS4: Neolitico, Età dei Metalli e siti e siti di interesse turistico
  - o KTS5: Principali stili architettonici
  - o KTS6: Siti turistici di epoca greco e romana
  - o KTS7: Testimonianze della civiltà bizantina e Longobarda
  - o KTS8: I siti di interesse turistico del periodo normanno
  - o KTS9: Barocco e rococò
  - o KTS10: L'Architettura Neoclassica
  - o KTS11: Le Testimonianze del Liberty
  - o KTS12: I Borghi storici
  - o KTS13: Il Patrimonio museale

- KTE Patrimonio Enogastronomico
  - o KTE1: I Prodotti tipici
  - o KTE2: Il turismo enogastronomico

- o KTE3: La certificazione di qualità dei prodotti alimentari DOP, IGP e STG
- o KTE4: I Prodotti Agroalimentari Tradizionali
- o KTE5: Altre forme di riconoscimento dei prodotti tipici
- o KTE6: Le strade del vino
- o KTE7: I disciplinari di produzione
- o KTE8: I prodotti Biologici
- o KTE9: Gli agriturismi
- o KTE10: I Distretti rurali e agroalimentari di qualità
- KS117: Strumenti e metodologie di catalogazione
- KS114: Demoetnoantropologia
- KS145: Principi, metodi e tecniche di gestione documentale
- KS154: Antropologia
- KS193: Geografia antropica (conoscenza e concetti base)
- KS194: Attrazioni endogene culturali territoriali
- KS195: Attrazioni endogene naturali territoriali
- KS196: Attrazioni indotte territoriali
- KS249: Interpretazione del Patrimonio
- KS263: Identità culturali locali
- KS289: Patrimonio Ambientale
- KS213: Elementi di Educazione Ambientale e alla Sostenibilità
- KS225: Elementi di scienze naturali applicati all'esercizio dell'attività di educazione e interpretazione del Patrimonio
- KS226: Elementi di storia applicati all'esercizio dell'attività di educazione e interpretazione del Patrimonio
- KS227: Elementi di antropologia dedicati all'esercizio dell'attività di educazione e interpretazione del Patrimonio

Compito T3: Analizzare il Contesto di riferimento

Abilità T3

- SQ1: Capacità di analisi
- SP24: Individuare gli Stakeholder Strategici
- SP96: Individuare il contesto economico e sociale del territorio
- SP1: Individuare e valutare l'applicabilità delle norme di tutela e Fruizione del Patrimonio Culturale e Paesaggistico
- SP16: Effettuare Analisi SWOT
- SP87: Individuare e valutare l'applicabilità della Normativa di Tutela Ambientale e Sviluppo Sostenibile
- SP72: Contesto Antropico del Territorio (conoscere, analizzare)
- SP76: Analizzare il Contesto Culturale del Territorio
- SP73: Attrazioni endogene naturali (conoscere, analizzare)
- SP74: Attrazioni endogene culturali (conoscere, analizzare)
- SP75: Attrazioni indotte (conoscere, analizzare)
- SP94: Saper analizzare il contesto territoriale dal punto di vista culturale e storico antropologico
- SP102: Saper analizzare il contesto territoriale dal punto di vista ecomuseale
- SP100: Identità culturali locali (Individuare, analizzare, interpretare, documentare)
- SP106: Contesto territoriale dal punto di vista culturale (analizzare, documentare)

Conoscenze T3

- KS39: La normativa per la tutela e la fruizione dei Beni Culturali
- KS40: I criteri per la tutela dei beni culturali
- KS41: I vari livelli di tutela

- KS43: I Beni paesaggistici

- KS47: La normativa sulla Privacy e la filiera turistica

- KS48: Il Regolamento europeo 2016/679

- KS49: La normativa sulla Sicurezza nei luoghi di lavoro nella filiera turistica

- KS92: Organismi di tutela e vigilanza

- KS121: Le relazioni con le istituzioni

- KS223: Contesto territoriale dal punto di vista culturale e storico antropologico

- KS265: Enti e Istituzioni Territoriali

- KS256: Elementi di geografia Umana (Antropologica)

- KS126: Principi di sviluppo Sostenibile

- KS256: Elementi di geografia Umana (Antropologica)

- KS232: Normativa di Tutela Ambientale e Sviluppo Sostenibile

- KT295: Il Progetto europeo "InHerit - Interpretazione del patrimonio per l'apprendimento degli adulti"

- KT298: Il Progetto Europeo "HISA - Interpretazione del patrimonio per un pubblico anziano"

- KT299: Il Progetto Europeo "Interpreting our European Heritage"

Compito T4: Valutare i bisogni e le aspettative dell'utenza reale e potenziale per il settore di riferimento

Abilità T4

- SQ1: Capacità di analisi
- SQ2: Capacità di sintesi
- SQ10: Analizzare i requisiti educativi degli utenti/beneficiari

Conoscenze T4

- KQ2: Quality Management - Fattori, indicatori e standard della qualità nei servizi
- KQ22: Quality Management - Fattori (dimensioni) e indicatori di qualità
- KQ33: Quality Management - Analisi dei requisiti delle parti interessate
- KT26: Metodi e strumenti di analisi dei bisogni educativi

Compito T5: Individuare scopo, obiettivi e tipologia dell'interpretazione

Abilità T5

- SP93: Classificare e valutare le varie tipologie di percorsi educativi e interpretativi
- SP22: Valutare l'applicabilità di politiche europee, nazionali e regionali in materia di sviluppo sostenibile

Conoscenze T5

- KS299: Caratteristiche dei percorsi di interpretazione del Patrimonio
- KS300: Caratteristiche dei servizi educativi legati al patrimonio Culturale
- KS221: Percorsi educativi culturali (classificazione e concetti base)
- KS301: Caratteristiche dei percorsi esperienziali
- KS302: Politiche europee, nazionali e regionali in materia culturale e di sviluppo sostenibile

Compito T6: Progettare percorsi di esperienza di interpretazione del Patrimonio Culturale (interpretazione diretta)

Abilità T6.1: progettazione

- SQ1: Capacità di analisi
- SQ11 Progettare processi e servizi
- SQ12: Implementare, documentare e classificare i processi fondamentali
- SQ14: Proporre cambiamenti di processo per facilitare e razionalizzare i miglioramenti
- SQ18: Individuare, comprendere e valutare i Fattori, gli indicatori e gli standard della qualità
- SP22: Individuare e valutare l'applicabilità di Politiche di Settore
- SP25: Valutare l'applicabilità di Programmi, Convenzioni e Riconoscimenti Istituzionali
- SP3: Valutare l'applicabilità di finanziamenti per la Filiera di settore
- SP109: Contesto Culturale (conoscere, analizzare, interpretare)

Conoscenze T6.1

- KQ1: Quality Management - La norma UNI EN ISO 9001
- KQ22: Quality Management - Fattori (dimensioni) e indicatori di qualità
- KQ11: Quality Management - Progettazione e sviluppo;
- KT18: Progettazione e Pianificazione di Percorsi Educativi/Formativi
- KT29: Progettazione e Pianificazione di Percorsi di Interpretazione del Patrimonio Culturale
- KS191: Geografia fisica (conoscenza e concetti base)
- KS198: Servizi di supporto alla offerta base
- KS99 Risk Management
- KS206: Servizi e Autorità competenti in caso di incidenti o malori

- KT5: Strumenti informatici e telematici di base
- KT16: Modelli Organizzativi Aziendali
- KS302: Politiche europee, nazionali e regionali in materia culturale e di sviluppo sostenibile
- KS302: Elementi di storia applicati all'esercizio dell'attività di educazione e interpretazione del Patrimonio
- KS303: Elementi di antropologia dedicati all'esercizio dell'attività di educazione e interpretazione del Patrimonio
- KS229: Agenda 2030
- KS91: Teorie e Modelli delle Esperienze
- KS93: Caratteristiche delle Esperienze
- KS95: Progettazione delle Esperienze
- KS216: Principi di sviluppo Sostenibile
- S111: Sostenibilità degli Eventi
- KS110: Eventi: La Location

Compito T6.2: Realizzazione

Abilità T6.2

- SQ4: Capacità di controllo
- SP42: Verificare la corretta applicazione della normativa in materia di Privacy
- SP87: Individuare e valutare l'applicabilità della Normativa di Tutela del Patrimonio
- SQ4: Capacità di controllo
- SP110: Saper utilizzare tecniche e metodologie organizzative per i percorsi di interpretazione del Patrimonio
- SP111: Capacità di relazionare e informare in relazione al contesto del percorso di interpretazione
- ST21: Capacità di rispettare tempi e programmi

- SP36: Effettuare formazione/educazione con riferimento alle materie legate alla propria professione
- SP40: Saper organizzare gli spazi dove vengono realizzati i servizi e le proprie offerte
- SP41: Saper organizzare la location e la "messa in scena" della propria offerta esperienziale
- SP46: Curare e gestire i percorsi interpretativi nel settore di riferimento
- ST1: Capacità di comunicare anche in relazioni alle diverse caratteristiche, tipologie e aspettative degli utenti/beneficiari
- ST3: Capacità di gestione dei conflitti
- SP87: Capacità di organizzare il soccorso con i servizi competente e disponibili sul territorio

Conoscenze T6.2

- KQ7: Quality Management - Pianificazione e tenuta sotto controllo del servizio
- KS101: Informatica e Telematica di base
- KS47: La normativa sulla Privacy e la filiera turistica
- KS49: La normativa sulla Sicurezza nei luoghi di lavoro
- KS52: Normativa per la tutela del consumatore
- KS232 Normativa di Tutela in ambito del Patrimonio Culturale
- KTN12: Gli organi di tutela e vigilanza
- KT20: Normativa smaltimento rifiuti
- KS292: Metodologie e tecniche per la valutazione dei percorsi di interpretazione del Patrimonio
- KQ9: Quality Management - Produzione ed erogazione del servizio;
- KQ10: Quality Management - Identificazione e rintracciabilità;
- KS211: Elementi di Divulgazione Naturalistica
- KS233: Normativa del settore museale ed ecomuseale

- KS234: Caratteristiche dei servizi educativi ecomuseali
- KS235: Percorsi educativi ecomuseali (classificazione e concetti base)
- KS236: Museologia, Museografia e Nuova Museologia
- KS237: Ecomuseologia
- KS238: Elementi Etnografia
- KS239: Demoetnoantropologia
- KS240: Storia delle tradizioni popolari
- KS213: Educazione Ambientale e alla Sostenibilità
- KT293: Realizzazione e Gestione di Percorsi di Interpretazione del Patrimonio
- KS230: Metodi e tecniche di realizzazione e organizzazione di itinerari didattici e di ecoturismo
- KS112: Tecniche e Metodologie della didattica
- KS231: Tecniche di animazione
- KN13: Strategie per la Biodiversità
- KT1: Comunicazione
- KT2: Tecniche di gestione dei gruppi
- KT3: Tecniche di gestione dei conflitti
- KT24: Elementi di Leadership e Psicologia di gruppo
- KT99 Risk Management
- KT206: Servizi e Autorità competenti in caso di incidenti o malori
- KS128: Elementi di Pedagogia
- KS102: Il Teatro come modello di messa in scena delle offerte esperienziali
- KS230: Metodi e tecniche di realizzazione e organizzazione di itinerari didattici
- KS231: Tecniche di animazione
- KS44: La Convenzione europea per la protezione del patrimonio archeologico (P1)
- KS131: Archeologia (P1)
- KS168: Elementi di Archeozoologia (P1)
- KS169: Elementi di Geoarcheologia (P1)

- KS164: Elementi di Teoria e tecnica della diagnostica dei beni archeologici (P1)
- KS302: Percorsi di interpretazione in ambito archeologico (P1)
- KS311: Storia dell'Arte in rapporto al Patrimonio archeologico (P1)
- KS312: Storia Generale in rapporto al Patrimonio storico-artistico (P2)
- KS310 Storia dell'Arte in rapporto al Patrimonio storico-artistico (P2)
- KS304: Percorsi di interpretazione in ambito storico-artistico (P2)
- KS306: Percorsi di interpretazione in ambito del Patrimonio Immateriale (P3)
- KS114: Demoetnoantropologia (P3)
- KS313: Miti e Leggende (P3)
- KS314: Storia del Folklore (P3)
- KS240: Storia delle tradizioni popolari (P3)
- KS315: Storia dell'Arte Religiosa (P3)
- KS13: Turismo Religioso (P3)
- KS287: Storia delle religioni (P3)
- KS192: Geografia fisica (conoscenza e concetti base) (P4)
- KS193: Geografia antropica (conoscenza e concetti base) (P4)
- KS201: Cartografia, Topografia e tecniche di orientamento (P4)
- KS208: Nozioni di Botanica, Zoologia e Geografia Antropica del territorio di riferimento (P4)
- KS210: Elementi di Etologia (Biologia comportamentale) (P4)
- KS308: Percorsi di interpretazione in ambito ambientale (P4)
- KS227: Elementi di antropologia dedicati all'esercizio dell'attività di educazione e interpretazionc ambientale (P4)

Compito T7: Progettare e realizzare Servizi Interpretativi del Patrimonio Culturale (interpretazione mediata)

Abilità T7

- SQ1: Capacità di analisi
- SQ11 Progettare servizi
- SP16: Effettuare Analisi SWOT
- SP107: Il Piano di Interpretazione Territoriale (ideazione, progettazione e realizzazione)
- SP109 Mappe di Comunità (ideazione, progettazione e realizzazione)
- SP110: Scrittura creativa (applicare)

Conoscenze T7

- KT296: Il Piano di Interpretazione del Territorio (ideazione, progettazione e realizzazione)
- KS126: Principi di sviluppo Sostenibile
- KS232: Normativa di Tutela del Patrimonio Culturale
- KS3: Turismo Esperienziale
- KS4: Turismo Sostenibile
- KS5: Turismo Accessibile
- KS6: Turismo Naturalistico
- KS7: Turismo Culturale
- KS248: Le mappe di comunità
- KS249: Interpretazione del Patrimonio
- KS250: Convenzione Faro
- KS251: Elementi di Divulgazione Ecomuseale
- KS252: Progettazione e realizzazione di eventi su tematiche ecomuseali
- KS300: Scrittura creativa

- KS301 Strumenti e tecniche per la comunicazione
- KS302: Percorsi di interpretazione in ambito archeologico (P1)
- KS305: Servizi interpretativi in ambito storico-artistico (P2)
- KS307: Servizi interpretativi in ambito del Patrimonio Immateriale (P3)
- KS309: Servizi interpretativi in ambito ambientale (P4)
- KS230: Metodi e tecniche di realizzazione e organizzazione di itinerari didattici
- KS44: La Convenzione europea per la protezione del patrimonio archeologico (P1)
- KS131: Archeologia (P1)
- KS168: Elementi di Archeozoologia (P1)
- KS169: Elementi di Geoarcheologia (P1)
- KS311: Storia dell'Arte in rapporto al Patrimonio archeologico (P1)
- KS312: Storia Generale in rapporto al Patrimonio storico-artistico (P2)
- KS310 Storia dell'Arte in rapporto al Patrimonio storico-artistico (P2)
- KS114: Demoetnoantropologia (P3)
- KS313: Miti e Leggende (P3)
- KS314: Storia del Folklore (P3)
- KS240: Storia delle tradizioni popolari (P3)
- KS315: Storia dell'Arte Religiosa (P3)
- KS13: Turismo Religioso (P3)
- KS287: Storia delle religioni (P3)
- KS192: Geografia fisica (conoscenza e concetti base) (P4)
- KS193: Geografia antropica (conoscenza e concetti base) (P4)
- KS201: Cartografia, Topografia e tecniche di orientamento (P4)
- KS208: Nozioni di Botanica, Zoologia e Geografia Antropica del territorio di riferimento (P4)
- KS210: Elementi di Etologia (Biologia comportamentale) (P4)
- KS308: Percorsi di interpretazione in ambito ambientale (P4)

- KS227: Elementi di antropologia dedicati all'esercizio dell'attività di educazione e interpretazione ambientale (P4)

Compito T8: Comunicare

Abilità T8

- SP8: Sviluppare un Piano di Comunicazione per il settore di riferimento
- SP11: Individuare le tecnologie web da utilizzare per il marketing territoriale
- ST1: Capacità di comunicare e coinvolgere
- ST6: Individuare e applicare gli strumenti informatici per la comunicazione
- SP39: Applicare tecniche di presentazione multimediale

Conoscenze T8

- KQ34: Quality Management - Comunicazione interna ed esterna
- KS30: Turismo e Comunicazione
- KS31: Il Piano di Comunicazione
- KS32: Marketing e Promozione online
- KS33: Tecniche di Web Marketing
- KS34: Social Marketing
- KS100: Informatica per la comunicazione
- KS121: Le relazioni con le istituzioni
- KS268: Comunicazione Sociale
- KS59: Sociologia della Comunicazione
- KS147: Scienza della comunicazione
- KS104: Comunicazione e Gestione dei Conflitti
- KS105: Stili comunicativi e comunicazione efficace
- KS269: Comunicazione Visiva
- KS267: Elementi di Divulgazione Ecomuseale
- KS268: Comunicazione Sociale

Compito T9: Monitorare e Valutare

Abilità T9

- SQ20: Applicare metodologie e tecniche di monitoraggio
- SQ21: Applicare metodologie e tecniche di Customer Satisfaction
- SQ22: Monitorare e Valutare l'erogazione dei servizi

Conoscenze T9

- KQ13: Quality Management - Monitoraggi e misurazione dei processi e dei servizi
- KQ14: Quality Management - La Gestione delle Non Conformità e le Azioni Correttive
- KQ15: Quality Management - Valutazione della qualità dei servizi

Compito T10: Migliorare (miglioramento continuo)

Abilità T10

- SQ14: Proporre cambiamenti di processo per facilitare e razionalizzare i miglioramenti
- SQ16: Valutare e analizzare i singoli processi per identificare le azioni correttive e di miglioramento

Conoscenze T10

- KQ35: Quality Management - Miglioramento Continuo

Compito T11: Realizzare, Curare eventi espositivi su tematiche culturali

Abilità T11

- SP14: Contribuire alla corretta gestione di eventi espositivi su tematiche culturali
- SP70: Individuare a classificare le varie tipologie di eventi
- SP39: Applicare tecniche di presentazione multimediale
- SP42: Saper organizzare la location e la "messa in scena" dell'evento

Conoscenze T11

- KQ26: Standard di qualità degli eventi
- KS233: Progettazione e realizzazione di eventi su tematiche culturali
- KS109: Eventi: Classificazione e concetti base
- KS111: Sostenibilità degli Eventi
- KS183: Caratteristiche degli Eventi
- KS187: Tutela della Location e Luoghi utilizzati per gli eventi
- KS188: La normativa relativa alle Autorizzazioni e ai Permessi in materia di eventi

Compiti facoltativi

Compito T12: Interfacciarsi in lingua straniera in funzione del target territoriale di riferimento dei propri clienti

Abilità T12

- ST8 Utilizzare le lingue straniere in ambito lavorativo in funzione del target territoriale di riferimento dei propri clienti

Conoscenze T12

- KS113: Almeno una lingua straniera in relazione al target territoriale di riferimento dei propri clienti

Il livello di autonomia e responsabilità richiesto dalla della professione, è associabile al livello settimo di cui alla classificazione QNQ/EQF

8. Criteri di Valutazione del profilo

Per l'attestazione del possesso dei requisiti di competenze, abilità e conoscenze relativi alla professione di Operatore Esperienziale si propone di tenere in considerazione metodologie che tengono conto dei seguenti aspetti in modo non mutuamente esclusivi, vale a dire eventualmente in combinazione tra di loro:

- **Titoli di studio** rilasciati in ambito accademico (Apprendimento Formale)
- **Formazione Specifica** (Apprendimento Non Formale)
- **Esperienza lavorativa o professionale** (Apprendimento Informale)

Requisiti di accesso alla figura professionale

- Aver frequentato percorsi formativi specifici per la figura professionale in oggetto organizzati/riconosciuti da Università, Regioni o da Associazioni di professionisti istituiti ai sensi della legge 4/2013 e riconosciuti dal MISE e almeno sei mesi, anche non continuativi, di comprovata esperienza lavorativa o professionale nella qualità di Interprete del Patrimonio Culturale.

Oppure

- Aver frequentato un percorso di formazione specifica i cui contenuti e le modalità di valutazione siano conformi al presente standard e almeno sei mesi, anche non continuativi, di comprovata esperienza lavorativa o professionale nella qualità di Interprete del Patrimonio Culturale.

Oppure

- Aver frequentato un percorso di formazione specifica i cui contenuti sono esplicitati da norme UNI, laddove esistenti, purché coerenti con la professione in oggetto e almeno sei mesi, anche non continuativi, di comprovata esperienza lavorativa o professionale nella qualità di Interprete del Patrimonio Culturale. (norma non ancora presente)

Oppure

- Essere inseriti in Registri di Associazioni di Professionisti costituiti ai sensi della legge 4/2013 e riconosciuti dal MISE purché riferenti alla figura professionale in oggetto e aver ottenuto Attestazione di Qualità e Qualificazione Professionale ai sensi della legge 4/2013

Oppure

- Laurea in: Scienze naturali, ambientali o equipollente, Scienze geologiche, Scienze della Formazione e della Comunicazione, Storia, Archeologia, Lettere Moderne con indirizzo educativo e almeno un anno, anche non continuativo, di comprovata esperienza lavorativa o professionale come Interprete del Patrimonio Culturale

Oppure

- Almeno 3 anni di comprovata esperienza lavorativa o professionale come Interprete del Patrimonio Culturale ed aver superato un esame specifico atto a valutare le conoscenze, abilità e competenze previste dal presente standard.

Oppure

- Essere professionisti del turismo nella qualità di guide o accompagnatori, aver frequentato un percorso di formazione integrativo i cui contenuti completino le conoscenze previste dal presente standard e non ancora in possesso di tali professionisti e possedere un Attestato di Qualità e Qualificazione rilasciato ai sensi della Legge 4/2013 da una Associazione professionale autorizzata dal MISE ed

Nota: L'Attestazione di Qualità e Qualificazione Professionale richiesta, non ha alcuna attinenza, ai sensi del comma 6 dell'art. della legge 4/2013, con eventuali attività disciplinate per legge che rimangono nella sfera delle abilitazioni previste dalla normativa vigente.

Oppure

Strumenti di valutazione dell'Apprendimento Non Formale e Informale

Apprendimento Non Formale

La valutazione della formazione specifica dovrebbe essere effettuata valutando le Conoscenze, le Abilità e le Competenze indicate nella presente scheda profilo, utilizzando, se possibile, almeno i seguenti elementi di valutazione:

- Esame scritto per la valutazione delle conoscenze
- Project work (o tirocinio lavorativo o stage)
- Esame orale

Apprendimento Informale

L'esperienza lavorativa o professionale può essere dimostrata attraverso vari strumenti tra cui:

- Curriculum Vitae
- Portfolio professionale
- Collocamento oggettivo sul mercato (premi, riconoscibilità regionale, nazionale o internazionale)
- Pubblicazioni (scientifiche o editoriali)

Bibliografia

Regione Sicilia. Allegato al D.D.G n. 3640 del 9/11/2020: Linee guida per l'individuazione dei criteri e dei requisiti minimi per il riconoscimento della qualifica di "ecomuseo"

L'ecomuseo come strumento di partecipazione: Huges de Varine in Ecomusei, 10 anni dopo – Villa Manin 9 aprile 2016

A cura di Cristina Grassenti: Ecomuseologie – pratiche e interpretazioni del patrimonio locale. Quaderni del CER.CO. 6 2010

DM 21 FEBBRAIO 2018 Allegato I: Livelli uniformi di qualità dei Musei

Convenzione Faro

Curricula Guidelines

Manuale europeo delle Professioni museali

Piccolo dialogo con Hugues de Varine sugli ecomusei – di Stefano Buroni

L'ecomuseo tra valori del territorio e patrimonio ambientale a cura di Domenico Muscò

Centri di Interpretazione del Patrimonio: Il Manuale Hicira

Freemn Tilden – Interpretare il nostro Patrimonio – Edizione italiana del 2019 – Libreria Geografica

L. Beck, T. Cable, Interpretation for the 21st Century. Fifteen guiding principles for interpreting nature and culture. Sagamore Publishing, 1998.

Riccardo Pagano: Educazione ed Interpretazione – Profili e categorie di una pedagogia ermeneutica. Brescia - 2018

Giovanni Netto: Interpretazione Ambientale – Associazione Italiana Inea - 2020

ARPA SICILIA: Linee Guida per l'interpretazione ambientale delle Aree Protette a cura di Aurelio Angelini

HeriQ – Quality Heritage Interprtation

InHerit Introduzione allo sviluppo professionale dell'Interpretazione del patrimonio naturalistico e culturale

Linee Guida per l'Educazione ambientale e allo sviluppo sostenibile (gruppo di lavoro interministeriale)

Franco Bianco: Introduzione all'ermeneutica - Laterza 1998

Pine e Gilmore: L'economia delle Esperienza: Oltre il servizio -1999-2013

Hugues De Varine: L'ecomuseo singolare e plurale – Utopie Concrete -2021

Marta Brunelli: Heritage Interpretation. Un nuovo approccio per l'educazione al patrimonio - Eum edizioni università di macerata – 2014

M. Brunelli, ed. by (2012) - Mary Kay Cunningham, Manuale di formazione per interpreti museali. Edizione italiana e saggio introduttivo a cura di M. Brunelli

Ignazio Caloggero - Qualità, Modelli Operativi e Competitività dell'Offerta Turistica. ISBN: 9788894321906 – 2017

John A Veverka: Interpretive Master Planning Volume One: Strategies for the New Millennium m useums etc

John A Veverka: Interpretive Master Planning Volume Two: Selected Essays Philosophy, Theory and Practice

Ignazio Caloggero - Turismo, Arte e Patrimonio Culturale: Profili Professionali e Nuovo Quadro delle Competenze – Edizioni Centro Studi Helios – Ragusa 2022

Musei e apprendimento lungo tutto l'arco della vita – Un manuale europeo a cura di Kirsten Gibbs, Margherita Sani, Jane Thompson -2007

Journal of interpretation RESEARC: Interpretation: Making a Difference on Purpose

Direttiva 2005/36/CE del Parlamento Europeo e del Consiglio del 7 settembre 2005 relativa al riconoscimento delle qualifiche professionali

Direttiva 2013/55/UE del Parlamento europeo e del Consiglio, recante modifica della direttiva 2005/36/CE, relativa al riconoscimento delle qualifiche professionali

Raccomandazione del Consiglio sul quadro europeo delle qualifiche per l'apprendimento permanente del 22 maggio 2017 (European Qualification Framework – EQF), che abroga la precedente raccomandazione del 23 aprile 2008

Raccomandazione del Parlamento europeo e del Consiglio del 18 giugno 2009 sull'istituzione di un sistema europeo di crediti per l'istruzione e la formazione professionale (ECVET) – (2009/C 155/02).

Raccomandazione del Parlamento europeo e del Consiglio del 18 giugno 2009 sull'istituzione di un quadro europeo di riferimento per la garanzia della qualità dell'istruzione e della formazione professionale

Sistema europeo per l'accumulazione ed il trasferimento dei crediti (ECTS): Guida per l'utente 2015

Raccomandazione del Consiglio del 20 dicembre 2012 sulla convalida dell'apprendimento non formale e informale (2012/C 398/01)

Linee guida europee per la convalida dell'apprendimento non formale e informale – Centro Europeo per lo Sviluppo della Formazione Professionale (CEDEFOP) – 2016

Decreto MLPS – MIUR 08/01/2018 "Istituzione del Quadro nazionale delle qualificazioni rilasciate nell'ambito del Sistema nazionale di certificazione delle competenze di cui al decreto legislativo 16 gennaio 2013, n. 13"

Sistema europeo per l'accumulazione e il trasferimento di crediti (ECTS) Guida per l'utente, 2009)

UNI 11697:2017: "Attività professionali non regolamentate – Profili professionali relativi al trattamento e alla protezione dei dati personali – Requisiti di conoscenza, abilità e competenza".

UNI 11506: Attività professionali non regolamentate – Figure Professionali operanti nel settore

ICT – Requisiti per la valutazione e certificazione delle conoscenze, abilità e competenze per i profili professionali ICT basati sul modello e-CF

UNI 11621-1 "Metodologia per la costruzione di profili professionali basati sul sistema e-CF" a sua volta ripreso dal CWA 16458 predisposto dal CEN Workshop Agreement. Il modello, pur essendo stato sviluppato per i profili ICT, ha il vantaggio che può essere applicato in qualsiasi settore.

Decreto Legislativo 16 gennaio 2013, n. 13 Definizione delle norme generali e dei livelli essenziali delle prestazioni per l'individuazione e validazione degli apprendimenti non formali e informali e degli standard minimi di servizio del sistema nazionale di certificazione delle competenze, ai sensi dell'art.4, commi 58 e 68 della legge 28 giugno 2012, n. 92

Usare i risultati dell'Apprendimento. Sere del Quadro delle Qualificazioni: Nota 4. edito dall'Ufficio delle pubblicazioni dell'Unione Europea, © Unione Europea, 2011. Traduzione del 2014 a cura di ISFOL

Qualità, Modelli Operativi e Competitività dell'Offerta Turistica (Ed. 2019) di Ignazio Caloggero. Edizioni Centro Studi Helios ISBN: 9788832060034

Schema APNR (Attività Professionali Non Regolamentate) adottato dall'UNI per la normazione tecnica in ambito APNR

Guida CEN 14 "Linee guida di indirizzo per le attività di normazione sulla qualificazione delle professioni e del personale.

Bloom, B.S. (Ed.), Engelhart, M.D., Furst, E.J., Hill, W.H. and Krathwohl, D.R. Taxonomy of Educational Objectives: Handbook 1: Cognitive Domain. (1956)

Anderson, L.W., Krathwohl, D.R. (Eds.) A Taxonomy for Learning, Teaching and Assessing. A Revision of Bloom's Taxonomy of Educational Objectives. (2001)

InHerit. Professional Development in Heritage Interpretation. Manuale

InHerit. Competence driven training for Heritage Interpretation. The Guidelines

InHerit. Digging Deeper: Exploring the Philosophical Roots of Heritage Interpretation

B. Joseph Pine, James H. Gilmore: L'economia delle esperienze. Oltre il servizio – Etas 2000, Rizzoli 2013

Bernd H. Schmitt: Experiential Marketing. The Free Press New York – 1999

David Allen Kolb: Experiential learning: experience as the source of learning and development – New Jersey 1984

Giovanni Brancaccio: Acquisire, integrare, valutare, documentare ed EXIBIRE competenze scientifiche, di cittadinanza e digitali: un'esperienza didattica tra BYOD, classi virtuali e classi senza aula (parte I)

Giovanni Brancaccio: Acquisire, integrare, valutare, documentare ed EXIBIRE competenze scientifiche, di cittadinanza e digitali: un'esperienza didattica tra BYOD, classi virtuali e classi senza aula (parte II)

Sam H. Ham. Environmental Interpretation: A Practical Guide for People With Big Ideas and Small Budgets – 1992

Donald R. Field e J. Alan Wagar. Visitor groups and interpretation in parks and other outdoor leisure settings. "Guideline - a Pubblication of the park program Vol. 4 n° 2 MAR/APR 1974 "

Foundations of Interpretation Competency Narrative, documento di 47 pagine pubblicato dal Eppley Institute for Parks & Public Lands nel 2009 da un precedente documento del 2007 pubblicato dal National Park Service U.S. Department of the Interior nell'ambito del programma "Interpretive Development Program"7)

Sam H. Ham, Ph.D. Can Interpretation Really Make a Difference? Answers to Four Questions from Cognitive and Behavioral Psychology. Sam H. Ham, Ph.D. Can Interpretation Really Make a Difference? Answers to Four Questions from Cognitive and Behavioral Psychology. Vancouver, Canada March 25-29, 2007.

Visitor Use and Evaluation of Interpretive Media A Report on Visitors to the National Park System (2003) pubblicato dal National Park Service U.S. Department of the Interior - Interpretive Development Program

Heritage Interpretation Training Manual – Progetto HERCULTOUR - Interrreg – Italy – Croatia (settembre 2018)

A Manual for Interpreting Communitiy Heritage for Tourism; Canadian Universities Consortium Urban Environmental Management Project, 2000